本书出版得到世界贸易组织讲席计划（WTO Chairs Programme，WCP）
支持

数字经济背景下
我国制造业服务化
对全球价值链攀升的影响研究

王思语 ／著

中国商务出版社

·北京·

图书在版编目（CIP）数据

数字经济背景下我国制造业服务化对全球价值链攀升的影响研究 / 王思语著．--北京：中国商务出版社，2024.1

ISBN 978 - 7 - 5103 - 5105 - 1

Ⅰ.①数… Ⅱ.①王… Ⅲ.①制造工业-服务经济-研究-中国 Ⅳ.①F426.4

中国国家版本馆 CIP 数据核字（2024）第 029116 号

数字经济背景下我国制造业服务化对全球价值链攀升的影响研究
王思语 著

出版发行：中国商务出版社有限公司

地　　址：北京市东城区安定门外大街东后巷 28 号　邮编：100710

网　　址：http://www.cctpress.com

联系电话：010 - 64515150（发行部）　　010 - 64212247（总编室）
　　　　　010 - 64515210（事业部）　　010 - 64248236（印制部）

责任编辑：李鹏龙

排　　版：北京嘉年华文图文制作有限责任公司

印　　刷：北京印匠彩色印刷有限公司

开　　本：710 毫米 ×1000 毫米　　1/16

印　　张：14.5　　　　　　　　字　　数：235 千字

版　　次：2024 年 1 月第 1 版　　印　　次：2024 年 1 月第 1 次印刷

书　　号：ISBN 978 - 7 - 5103 - 5105 - 1

定　　价：89.00 元

前言

　　制造业是立国之本，强国之基。习近平总书记在 2017 年指出："一个国家一定要有正确的战略选择，我国是个大国，必须发展实体经济，不断推进工业现代化、提高制造业水平，不能'脱实向虚'。"制造业是实体经济的核心组成部分，高质量发展的制造业是承载科技弯道超车、加速新旧动能转化的中坚力量。

　　纵观全球经济产业发展历程，诸如德国、日本等代表性经济体的产业发展遵循以制造强国为核心的前进路线，为其深入参与全球产业分工夯实了基础。相反，巴西、英国、法国过早"去工业化"的产业发展路径导致其陷入资本外流、货币贬值的状态。中国拥有全世界门类齐全、产业链完整的工业体系，在经济一体化的进程中承担了全球价值链分工的重要任务。夯实制造业在产业结构中的基础地位是我国充分发挥产业比较优势，跨越"中等收入陷阱"的必然选择。

　　党的二十大报告提出，推动制造业高端化、智能化、绿色化发展。推动我国制造业向全球价值链中高端攀升，不是强调制造业为孤立个体的一枝独秀，而是要以制造业为中心，发挥上下游产业耦合的作用机制，深度推动制造业和现代服务业融合。生产性服务要素具有集约程度高、技术复杂程度强、绿色低碳路径等特征。以数字经济为代表的中高端服务要素具有自动化、智能化的特点，赋予传统制造业崭新活力。根据配第－克拉克产业结构理论可知，任何一个国家或经济体的劳动力收入变化都会影响行业的就业水平。从时间维度来看，第二产业平均收入水平普遍高于第一产业，第三产业的收入水平大多高于第二产业。例如，在服务部门中，"科教文卫"事业及政府部门中的劳动力占比上升幅度最快，其收入水平较高。从中长期维度看，第三产业要素对制造业的投入能带动制造业产业复杂度以指数型速度提升，为我国实现稳外贸、稳投资、优结构提供长足的发展动力，实现全产业链、价值链的提升。

综上，结合当前国内外双循环大背景下全球经济一体化发展态势，我国产业发展路径需要格外关注服务要素与第二产业的深度融合，引入科技赋能的理念，推动中国中高端制造业全要素生产率的提升。同时，聚焦数字要素对产业赋能的深远影响，支持私人化定制、网络平台搭建与维护，加大服务型人才储备的力度。从外贸角度看，推动数字化与实体产业深入融合，构建中国"买全球、卖全球"的世界级电子商务平台。着力推动服务要素赋能实业生产、制造业服务化等升级进阶。本书基于制造业服务化、服务型制造等概念，结合企业调研和制造业服务化的具体案例，从产业发展的视角剖析制造业服务化的内涵、指标构建与测算，探究促进我国制造业价值链提升的路径。

目录

第一章

文献综述

第一节　制造业服务化 ………………………………………… 1

第二节　数字经济背景下的制造业服务化 ………………… 7

第三节　全球价值链升级相关研究 ………………………… 15

第四节　本章小结 …………………………………………… 17

第二章

制造业特征分类及演化趋势

第一节　制造业的分类 ……………………………………… 18

第二节　近现代以来制造业的演化历程 …………………… 20

第三节　制造业服务化趋势及测度方法 …………………… 31

第四节　本章小结 …………………………………………… 43

第三章

生产性服务贸易对中国制造业企业出口绩效的影响

第一节　以生产性服务贸易驱动制造业出口绩效提升的必要性论证 … 45

第二节　中国制造业与生产性服务业发展的事实特征 …………… 46

第三节　中国服务贸易现状与服务贸易竞争力测算 ···················· 56

第四节　理论模型 ··· 69

第五节　生产性服务贸易竞争力对企业出口绩效影响的实证分析 ······ 74

第六节　本章小结 ··· 84

第四章

制造业投入服务化与中国企业出口产品质量

第一节　研究背景 ··· 87

第二节　中国制造业服务化动态变化特征分析 ······················· 91

第三节　研究设计 ··· 94

第四节　实证结果分析 ··· 100

第五节　本章小结 ··· 111

第五章

全球制造业服务化典型案例解析

第一节　IBM ·· 113

第二节　极飞科技 ··· 121

第三节　巴比食品 ··· 129

第四节　极兔速递 ··· 137

第五节　本章小结 ··· 151

第六章

制造业服务化、数字经济与全球价值链攀升

第一节　数字经济与制造业服务化 ·································· 152

第二节　数字经济时代的制造业服务化 ······························· 153

第三节　制造业出口技术复杂度的研究 ·························· 156

第四节　数字经济强度测算 ·································· 161

第五节　制造业出口技术复杂度 ······························ 172

第六节　数字经济影响价值链的机制分析 ·················· 173

第七节　数字经济强度提升制造业出口技术复杂度的实证分析 ········ 178

第八节　本章小结 ······································ 183

第七章

结论与政策建议

第一节　研究结论 ······································ 186

第二节　政策建议 ······································ 190

第三节　未来研究方向 ·································· 193

参考文献

附　录　数字经济强度指标体系权重

第一章

文献综述

第一节　制造业服务化

一、制造业服务化的定义

制造业服务化是指企业从单一地供给"产品"转变为供给"产品＋服务"，将价值链由以制造为中心向以服务为中心转变，是将制造与服务融合的全球产业发展新趋势。当前，服务化已经成为我国制造业转型升级的新动能，以大数据为代表的新一代信息技术成为制造业服务化转型升级的驱动力。制造业服务化不仅能有效激发企业制造技术创新，还能促进服务业的融合发展。

制造业服务化这一概念由 Vandermerwe 和 Rada（1988）首次提出，此后国内外学者基于不同的专业视角，对相关课题研究方向进行研究形成了多种观点。White（1999）认为与企业产品生命周期相关的增值服务过程是指为了及时满足劳动力市场层面上产生的服务供求交易双方之间对服务交付的速度、交易的便利性、价值及增值等服务信息的需求。Szalavetz（2003）提出，制造业服务化程度主要体现在涉及产品设计、物流、价值链与管理、人力资源管理、会计、法律、金融服务等领域内部服务质量效率水平的整体表现，以及在维修保养、采购及融资、运输、安装、技术研发服务管理等多方面与自身产品功能相关服务的综合外部质量服务效能表现，这两个方面对于制造业企业的供应商与客户十分重要。Mastrogiacomo等（2020）将服务化描述为，制造企业通过引入先进技术和新生产模式，采用包括综合提供产品和服务的业务模式过程。Kamal 等（2020）基于对服务化领域的深入回顾与理解，将服务化定义为组织的能力、人力和财务资源及流程的战略转变，目的是利用创新技术提供端到端的综合服务，为产品带来增值。Hao 等（2021）通过实证研究发现，制造业服务化存在三个相互补充的子维度，包括内部组织实践、外部协作实践和过程导向实践。

国内学者对制造业服务化概念与内涵的研究探索细化到了上游的生产投入服务化与下游的产品产出服务化两个方面。祝树金等（2021）指出制造业投入服务化主要体现在产品设计、研发新的产品等过程中，制造业产出服务化主要体现在产品的营销、售后服务、安装和物流服务中。王厚双等（2019）认为，从加速技术进步、优化资源配置、强化核心优势等方面看，制造业投入服务化能为企业在国际价值链中占据有利地位产生决定性影响，能大幅提高中国企业产品市场的价格竞争水平；产出的服务化相比之下则更加贴近满足目标消费者真正的购买需求的服务。袁征宇等（2020）研究发现，制造业投入服务化对中国企业出口产品质量存在明显的促进作用，并且研发创新能间接提升中国企业出口产品质量。贾卫平等（2021）阐述了服务化制造业的理念，主要包括三个层面：生产性服务业、服务化的生产过程和生产过程顾客的全程参与，并分类研究了不同制造业转型应满足的条件。郭娟娟等（2022）从投入服务化角度探究了制造业服务化降低企业污染排放的环境效应，为制造业服务化应用于污染防治提出了政策建议。

综合已有研究，制造业服务化的定义主要是围绕制造业企业通过服务要素将制造环节与产品相结合，促进企业生产经营效率提升与产品增值。投入生产服务化是指在现代制造业中的生产服务不再单纯是以供应单一产业的产品原料、能源产品等其他资源要素生产为基础，服务要素也是生产过程中的重要环节。换言之，企业生产并不仅仅考虑产量，也同样会考虑将未来更多的新产品技术研发、消费行为数据采集分析、针对年轻消费者群体的个人增值服务，以及个性化产品研发设计等，都融合贯穿于企业从原材料到终端的生产经营全过程。

二、制造业服务化的影响因素

国外学者认为，影响制造业服务化发展的因素是通过在价值链的各个环节对产品的价格产生影响，进而发挥作用的。Bernard 等（2003）提出，在服务化对制造业产品出口价格的影响过程中，对外贸易因素具有重要影响。Brax（2005）从产业理论的角度指出，产业能走向国际与企业服务化的深度展开取决于制造业本身的竞争力优势；此外，制造业服务化的过程中，企业会面临来自市场环境、生产环节，以及产品交付等多方面的挑战。Timmer（2014）从组织生态学的角度，定性分析了组织环境对制造业服务化的影响。Arnold（2016）深度探究了影响制造业企业服务化转型的因素，提出了属于产业链角色、战略规划、领导者能力、资源整合能力、技术创新能力、技术服务能力、商业模式创新等 7 大范畴的 15 项影响因素。Alexander 等（2021）指出，信息技术的广泛使用推动了服务化转型的整体进程，这表现为信息技术工具的应用，为促进制造领域的企业产品服务化管理创新模式提供了更多的可能性，以及信息技术加快实现了面向制造业企业的服务方式创新，从而有效推动了交易型企业向业务伙伴型的客户关系管理模式转变的进程。Mastrogiacomo 等（2020）定量分析了商品部门、地理位置和公司层面这些结构性因素对服务化类型的影响，并确定了用以衡量公司服务提供地位的指标。

国内学者对制造业服务化内在影响因素的研究得出，产品生产到销售的过程，以及企业选择的经营战略都会影响制造业服务化。从定性分析来看，邱斌等（2012）指出，生产制造是价值链中的重要环节，除此之外的其他环节基本上都属于服务业，因此，产业配套设施落后、硬件环境跟不上、人才流失严重将会严重阻碍制造业服务化进程。除了从产品角度之外，也有学者从企业经营角度探索内在机制。韩江卫（2014）指出，企业的财务需求、营销需求、战略需求是制造业服务化发展的内在影响因素。黄群慧和霍景东（2014）提出，从企业战略角度看，制造业产业克服相关困难的必要条件是其具备一定的竞争力，再整合资源推进服务化战略；而从国际化战略选择来看，制造业产品服务于国际市场的必要条件也是其产品具有一定竞争力，由此企业才会进一步考虑出口价格问题。

从实证分析角度，綦良群等（2014）分析了我国装备制造业的服务化过程，将制造业服务化的因素归纳为两类：一是外部环境因素，包括资源约束、行业竞争强度、所处阶段服务经济水平、科技进步因素、政府规制与决策；二是企业内部管理因素，包括高层管理者能力与治理水平、员工素质构成分布和组织内部生产专业化分工强度。王小波等（2016）通过计算制造业对服务业的直接消耗系数和完全消耗系数来测度投入服务化水平，通过制造业企业所提供的服务产品种类和服务产品营业收入占企业营业收入的比重衡量产出服务化程度。高翔等（2020）基于投入产出分析方法，借助贸易增加值核算技术方法，建立了能客观测度不同贸易方式部门下制造业服务化转型的框架，探讨了中国制造业服务化转型的特点与不足。王紫薇和杨颖红（2022）将制造业和服务业的直接消耗系数作为因变量，选取经济发展水平、劳动者素质、创新能力、产业集聚水平作为影响因素指标，提出制造业服务化实现路径。

还有一些国内学者通过外部环境的复杂性、产业链的多环节、利益相关者多元化等几个方面，探究外在因素对制造业服务化的影响。蒙英华和裴琪（2013）指出，制造业所处的内部发展环境以及出口政策保障等因素，会妨碍产品在国际市场的定价，服务化对制造业产品出口价格的决定作用也会因一国的开放举措、进出口水平而受影响；一国的贸易政策决定了产品参与国际市场竞争的形式和层次，从而对制造业服务化发挥作用产生影响。除了宏观环境与政策之外，王胜等（2018）的研究结果证实了汇率因素对价格的传导机制，同时指出，在出口配送、交货验收等环节中交易流程效率降低会影响服务水平，从而导致国际市场需求者对本国出口产品的评价及对附加服务的认可度下降。此外，杨志波等（2021）探讨了服务化的中介效应，认为企业数字化通过服务化来影响企业，并且其中介效应会受到变革型领导和学习型文化的正向调节作用。

总之，制造业企业整体的服务化水平会受到外部市场与当前配套的宏观政策等外部环境因素的影响，政府支持与制造业市场良好的外部环境，会进一步为制造业企业内外部服务化转型发展提供支撑的成长环境，因此亦能大幅提升企业的市场环境绩效。所以，政府、竞争者、消费者群体等社会多方与外部中介力量形成的共同机制作用，是现代制造业向服务化转型实施过程和成果推动工作的重要考虑，将驱动制造业整体向产业服务化方向深入发展。

三、制造业服务化的内涵与应用

国内外学者从不同研究视角剖析了制造业服务化与制造业企业生产效率或绩效。总的来说，制造业服务化对生产率的影响方式并未得出统一结论。Wolfmayr（2008）通过研究 OECD 国家制造业的服务投入与产品竞争力之间的关系，得出服务投入比例的增加会带来高技术产业的全要素生产率增长。Kastalli 等（2013）研究认为，制造业服务化存在"服务业悖论"，企业的生产率会因为制造业服务化程度的提高而降低。Arnold 等（2016）将印度服务业作为研究对象，分析其政策改革的影响，研究发现，制造业对生产环节技术服务与要素生产率要求的快速提高，可以通过制造业服务的外包、专业化和分工细化等创新方式，使制造业高度服务化进而达到有效降低社会生产成本的目的。Michele 等（2020）对巴西南部科技园内初创公司的信息技术、自动化和工程、通信和数字融合、卫生技术、可再生能源和社会环境技术等领域进行了案例研究，发现对于拥有高技术和创新性的产品、服务的企业而言，服务化能扩大或开拓市场；虽然服务化战略在实际应用中存在市场反馈信息有限等障碍，但依然能推动公司业务的运营，优化公司财务业绩表现。

国内学者对于制造业服务化的应用主要从产品出口与价值链升级、企业创新、资源配置效率等方面进行研究。从产品出口与价值链角度，刘斌等（2016）通过投入产出表、中国工业企业数据研究得出，我国制造业企业在价值链体系中专业化分工地位的显著提升得益于制造业服务化程度的提高，这也大大提高了我国企业在全球价值链中的参与程度。之后，刘斌等（2016）又从产品出口角度研究得出，制造业投入服务化能提高企业出口订单数量、扩大企业出口产品款式和目标客户范围，从而积极促进出口产品价格的提升，但同时制造业服务化会抑制出口数量，相比较而言其正向程度明显大于抑制作用。许和连等（2017）提出中国制造业投入服务化与企业出口国内增加值率之间呈"U"型关系，随着制造业企业的出口国内增加值率提高，中国制造业的投入服务化程度先减小后上升。林桂军等（2022）通过研究全球价值链视角下的中美贸易，发现我国产品的服务化进阶历程提高了对美出口国内增加值，服务化正逐渐成为中国出口升级的重要推动因素。

从企业创新角度，刘维刚等（2018）通过对国有及规模以上非国有工业企业研究，发现制造业投入服务化程度提高不会促进企业全要素生产率的提高。之后，刘维刚等（2020）量化了生产投入的服务质量与企业对于技术的吸收能力，研究得出制造业企业在生产过程中投入的服务质量，主要通过抑制生产投入成本与促进技术吸收，从而提升企业创新能力。

从企业资源配置效率与生产率角度，祝树金等（2021）提出，中国服务型制造业企业，特别是非出口外向型企业、低全球价值链嵌入位置企业，通过影响边际成本分布，可以实现企业资源配置效率的有效提升。彭继宗等（2022）运用动态面板模型研究得出，制造业投入服务化程度的提高反而会降低制造业技术进步效率和规模经济优势，从而降低制造业生产效率，但这种抑制作用可以通过服务投入结构优化来抑制，因此，中国在推进制造业服务化进程中，应更加注重服务投入结构的优化，提高服务业生产效率。

国内外学者对制造业服务化不同视角的研究得出了以上结论，但综合而言都指出了服务要素在产品附加值增值过程中的作用。

第二节　数字经济背景下的制造业服务化

Tapscott（1996）最早提出"数字经济"这一概念，后续研究强调数字技术产业及其市场化应用（Landefeld et al，2001；裴长洪等，2018；张勋等，2019）。《二十国数字经济发展与合作倡议》对数字经济这一概念进行了界定，认为数字经济是指以使用数字化的知识和信息作为关键生产要素，以现代信息网络作为重要载体，以信息通信技术的有效使用作为经济结构优化和效率提升的重要推动力的一系列经济活动。OECD（2012）指出，数字经济是一种以数字技术为基础的市场体系，这一市场体系以数字商务为途径来促进商品和服务的交易。

陈晓红等（2022）从数字化信息、互联网平台、数字化技术、新型经济模式等方面界定数字经济的内涵。《2021中国数字经济城市发展白皮书》将数字经济分解为数字化基础设施、数据价值化、数字产业化、产业数字化、数字化治理等5个维度。聚焦经济数字化影响产业发展的作用机制有以下文献分支：一是技术溢出效应。数字经济是推动我国制造业转型升级的新兴动力，传统经济吸收数字经济的全新技术有助于创新溢出和经营效率提升（Guellec et al，2017；许恒等，2020）。二是要素集约节约效应。数字经济具有更低边际成本（Goldfarb，2019），有利于经济的绿色低碳发展（Wu et al，2021）、减少环境污染（Abukhader，2008）、促进能源节约（余丽丽等，2023）。三是全要素生产率（TFP）提升效应。通过提高创新能力、优化人力资本结构、推动先进制造业和现代服务业融合发展，带动TFP提升（赵宸宇等，2021）。

数字经济对全球价值链提升具有推动作用。数字技术支持内嵌于全球价值链（GVC）的制造业企业转向知识密集型行业路径生产，发展中国家有更多参与高附加值生产的机会（沈国兵等，2020）。数字技术显著增强了制造业企业参与全球价值链分工的意愿。数字化互联激励制造业中小企业参与全球价值链分工（Szalavetz，2019）。沈国兵等（2020）研究证实，中国企业通过自身业务同互联网的融合，提高国内中间投入的使用，有助于提高制造业企业出口价值链地位。

一、各国数字经济发展规划及政策研究

自20世纪90年代美国积极发展电子商务以来，数字经济和数字贸易飞速发展。受自身经济基础、产业结构、政策布局、资源禀赋等多种要素影响，各经济体依托自身国情和比较优势形成了各具特色的数字经济发展模式。例如，美国依托其全球领先的技术创新能力，巩固了其数字经济竞争力；德国作为全球传统的制造业大国，把握新技术、新材料、新工业的前沿理念，在2013年汉诺威工业博览会率先提出工业4.0的概念，持续发挥着雄厚的制造优势与国际影响力，引领了全球工业数字化转型趋势潮流；英国不断完善其数字经贸规则的布局，以高标准的数字政府建设为本国数字经济发展提供了标准化范本；欧盟在数字经济规则治理等方面一直处于领先地位，并不断推广欧式范本，致力于构建全球可复制推广的透明、健全、顺畅的数字化健康生态合作阵营。

（一）美国

近年来，美国数字经济的发展始终处于全球"领头羊"地位。2020年，美国数字经济规模居世界第一，达到13.6万亿美元，占全球总规模的比重为41.7%。

美国数字经济的萌芽与持续领先发展，离不开美国政府在数字经济关键领域布局方面前瞻性的制度顶层设计。自20世纪90年代以来，美国政府非常重视并着力推动信息基础设施建设和数字技术发展，并且首次提出了"信息高速公路"和"数字地球"两个概念。而后，美国政府发布了《数字经济2000》《在数字经济中实现增长与创新》《数字经济的定义与衡量》等多个极具前瞻性的政策文件，这些政策文件深入研究了数字经济和数字贸易飞速发展中遇到的一些前沿问题和热点问题。自2000年起，美国先后布局云计算、大数据、高端数字基础设施、5G+6G、量子通信等前瞻性领域，通过系统性的顶层规划设计，助推数字经济发展。2018年，美国国防部发布了《国家网络战略》，这一报告对美国数字经济的发展起到了引领性作用。疫情发生以来，美国持续强化国家战略，2021年接连发布《临时国家安全战略指南》《2021年战略竞争法案》《2021美国创新与竞争法案》等，不断提升其数字经济发展实力。

美国政府非常重视先进技术研发，以巩固自身的数字技术创新优势。美国政府投入大量资金来支持前沿性、前瞻性研究，积极推进芯片、人工智能、5G通信，以及下一代通信、先进计算机等数字技术的研发。美国国防部2015—2020财年共申请22.4亿美元预算经费，用于人工智能技术科研活动，2021财年预算中向人工智能、5G、微电子等关键领域投入70亿美元研究经费。2021年6月，美国参议院投票通过《2021年美国创新和竞争法案》，承诺在未来5年投入大约2500亿美元用于战略性芯片、清洁能源、人工智能、量子计算、半导体等关键核心技术研究领域。

美国政府还积极推动实体经济数字化转型，大力发展先进制造业，并要求取得突破性成就。美国先后发布了《先进制造伙伴计划》《先进制造业美国领导力战略》等文件，提出依托新一代信息技术加快发展技术密集型的先进制造业，保证先进制造作为美国经济实力引擎和国家安全支柱的地位。

（二）德国

2020年，德国数字经济规模为2.54万亿美元，居世界第三位。德国是制造业强国，着力推动以工业为基础的数字经济发展模式，注重培育国民对数字化这一概念的深刻理解与把握，将数字化教育理念引入国民的各个人生发展阶段，树立国家、产业、国民三位一体的数字化转型发展体系。

在顶层设计方面，2016年，德国联邦教育和研究部公布了《2025年数字战略》，致力于打造一个数字化的未来社会。2018年，德国联邦政府发布了《德国高科技战略2025》，提出到2025年将研发投资成本扩大到GDP的3.5%，并将数字化转型作为科技创新发展战略的核心。

在顶层设计的指导下，一方面，德国的传统制造优势为德国发展高端制造提供了雄厚的知识积淀和坚实的技术基础；另一方面，德国不断加大研发投入以提升高端制造技术创新水平。2018年，德国政府和经济界在研发领域投入约1050亿欧元，占全国GDP比重达3.13%，2025年其科研投入占比将提高至3.5%。在高额研发投入的支持下，德国每百万居民拥有的世界市场上的重要专利产出数量居世界前列，其科技创新能力在世界上占据领先地位。

（三）英国

2020年，英国数字经济规模为1.79万亿美元，居世界第五位。根据2022年7月英国发布的《英国数字战略》的估算结果，2021年英国数字经济规模已达1250亿英镑，贡献了170万个工作岗位，预计到2025年数字经济对英国经济的贡献值会提高到2000亿英镑以上。英国以数字政府的平台搭建引领数字技术的发展，通过数字化提升整个英国的商业与社会公共服务能力，夯实英国在数字经济领域的国际地位，实时系统性完善数字经济政策布局。

在数字政府建设方面，英国作为最早推进政府数字化的国家之一，在2012 年就推行了《政府数字战略》，并发布《政府数字包容战略》、"数字政府即平台"、《政府转型战略（2017—2020）》、《数字服务标准》等。首先，英国通过实施《数字经济法案》来推进政府数据开放共享，挖掘和释放数据潜在价值。自 2008 年以来，英国税务局通过使用数字工具链接 30个来源、超 10 亿个数据项，额外增加 30 亿英镑的税收收入。其次，英国打造了政府一体化数字平台，提供跨部门服务。英国制作了政府不同类别部门信息和服务的统一入口，为个体、企业和政府部门提供便利化、高效的跨部门服务。最后，英国政府制定了数字服务标准，以提升数字服务质量。这套服务标准具体包含 18 项指标，强调关注用户需求、使用敏捷方法、开源和开放标准、性能测量和测试四方面内容；同时，确定了数字服务的关键绩效指标（KPI），包括每笔业务成本、用户满意度、完成率、数字服务接受率等四项指标，用于定期评估英国政府的在线服务水平。

（四）欧盟

欧盟各成员国的数字经济发展相对较早，其成员国的数字经济规模在全球处于较为领先的地位。近年来，数字经济在欧盟各成员国国民经济中的占比不断提高，数字经济逐渐演变为欧盟各成员国经济增长的主要动力。在数字经济发展方面，欧盟与其他经济体的着力点有所不同，更加注重数据安全与数字经济立法保护。欧盟着眼于数字治理规则的先行先试，以及国际数字贸易话语权构建，旨在去除全球数字经贸领域的碎片化现象与差异化声音。

在数字规则治理方面，首先，欧盟不断迭代完善隐私保护规则，并建有专门的国家机关来强制实施隐私保护。规定表明未在该局的核准和监督下，任何人不得非法拥有他人的个人数据，并在数据库资料的收集、利用、保管等方面都有不同程度的限制。2002 年，欧盟开始实行《电子隐私指令》，并不断顺应时代发展及时更迭隐私保护相关规则。其次，欧盟关注网络空间主权，不断加强网络安全顶层设计。2016 年欧盟发布《网络与信息系统安全指令》，以要求基础服务运营者、数字服务提供者履行网络风险管理、网络安全事故应对与上报等义务。2020 年，欧盟发布《网络安全战略》，明确并完善现有的网络安全制度、建构新的协调机制，引领和打造更安全的网络空间。

得益于欧盟各成员国之间政治经济一体化的特殊性，欧盟实施数字单一市场战略，主要目的是消除国家间的管制壁垒。欧盟委员会于 2015 年 5 月 6 日发布《数字单一市场战略》，将 28 个国家的市场统一成单一化市场，涉及数字文化、数字未来、数字生活、数字信任、数字购物、数字连接等六大领域。

二、数字经济对制造业发展的影响研究

（一）数字经济降低制造业服务化成本，提高劳动生产率

数字经济可以降低制造业生产成本，提高劳动生产率，进而推动制造业服务化。这一功能主要得益于数字经济的核心生产要素——数字化信息的独特经济属性，它具有低复制成本乃至零边际成本的特征。这种经济属性使数字化信息可以被最大限度地复制和共享，并可供多个使用者开发不同的产品和服务。这种对额外使用者的共享非但不会降低原始数字化信息持有者和使用者的数据数量、价值和相关利益，而且还能对数字化信息进行最大程度的挖掘和利用（唐要家，2020）。因此，在数字经济背景下，企业信息化成本被大大降低，制造业企业开展服务性业务所遇到的成本问题也被有效解决。更为具体的，这种降成本作用体现在以下几个方面：首先，数字经济提高了制造业企业的资源配置能力，随着企业数字化转型的

不断深入，企业获取、存储和分析数据等方面的能力不断提高，会进一步助力企业实现资源的精准优化配置，进而得以降低生产成本，提高生产效率（李海舰等，2014；何帆等，2019；肖旭等，2019）。其次，数字技术使企业可以超越传统交易的时间和空间限制，使制造业服务化转型企业由此前分散、消极、被动的"企业—消费者"单向交易传导模式转变为互通互联、积极参与的"企业—消费者"双向交易传导模式，从而推动了制造业服务化转型企业更加精准地以消费者需求为中心提供服务，降低企业和消费者的搜寻和交易成本（廖信林等，2021）。最后，从产业链上下游企业之间的信息交流成本角度看，数字信息的非竞争性和低复制成本的优势极大地降低了制造业服务化企业上下游之间的信息交流成本，减少了信息不对称，进而简化了原材料的交易流程，降低了企业的原材料成本（黄群慧等，2019；张勋等，2019）。祁怀锦等（2020）进一步指出，制造业企业的数字经济转型可以使企业去中心化、直面客户，实现以提升用户体验为目标的商业模式。此外，数字技术在经营环节也为制造业企业赋能，从而破解了此前成本与能耗"双高"的难题（李晓钟等，2018；Banalieva et al，2019）。

（二）数字经济能有效降低信息搜集成本，提高企业创新能力

数字经济具有高质量创新增长效应，即更快速的创新特质，为新技术的大范围应用以及新产业的快速成长提供了条件（唐要家，2020；沈国兵等，2020）。制造业服务化转型与数字经济结合的本质是增强制造业企业的信息化、智能化和知识化驱动（李廉水等，2019；张铭心等，2021）。一方面，在数字经济背景下，制造业服务化企业具备消费者深度参与、快速迭代试错、创造消费需求等优势（谢旭升等，2023）。具体来说，在传统市场背景下，消费者需求反馈到研发环节、生产环节，再到推向市场，具有一定的时间滞后性，这将使企业承担较大新产品研发的市场风险。数字技术的广泛应用使制造业服务化转型企业拥有极其敏锐的市场需求感知

能力，制造业服务化转型企业依托开放的互联网平台获取消费者反馈数据，进行数据分析，从而快速感知市场需求变化，再顺势设计新的产品和服务，并在试验阶段就把新产品和服务推向市场，而后依照消费者意见迅速更新迭代，进而实现对产品和服务的持续完善与创新。此外，制造业服务化转型与数字经济的结合让客户不再仅是产品和服务的消费者，也是产品和服务创新的深度参与者。这一身份的转变不仅可以降低制造业企业的研发创新风险，提高创新效率，还能让用户深度参与产品的创新过程，使用户黏性高于传统产品（Ferreira，2019）。另一方面，在数字经济背景下，制造业服务化企业将从封闭式创新转变为开放式创新。在传统制造业企业中，创新的模式主要有自主式、集群式、产学研协作式等，而数字技术聚集了庞大的信息资源，拓宽了各类资源的传播范围，使企业能最大限度地整合利用外部创新知识，提高自身技术能力的创新。

（三）数字经济推动消费者成为制造业服务化转型中的价值共创主体

制造业服务化转型的内在逻辑是实现由制造（产品或服务）向协助消费者完成价值创造过程转变；由制造业企业通过制造和销售获得价值，向制造业企业与消费者共创价值的转变；由消费者是隔绝的个体向消费者属于网络结构的转变；由把消费者看作目标向把消费者看作资源的转变（Vargosl et al，2008）。与传统制造业相比，制造业服务化转型更注重客户的个性化需求，实现制造业服务化的关键在于充分挖掘消费者的偏好与需求，这就需要制造业服务化转型企业具备更加敏锐的客户需求感知力，让消费者成为价值共创的关键主体。目前，数字经济的广泛应用为推动消费者成为制造业服务化转型中的价值共创主体进一步赋能。数字技术与制造业服务化的结合可以提高制造业企业的产品定制化、客户化程度以及运营效率，从而更好地满足消费者需求（Cenamor et al，2017；Gebauer et al，2021）。赵振（2016）提出，在"互联网＋"背景下，企业可以精准触达消费群体，实现消费群体细分，明确消费群体需求，提高企业内部信息传递效率，数据化关键流程，进而使制造业企业在服务化转型的全过程中保持战略一致，占有服务化战略资源。Rymaszewska 等（2017）认为，以物联网为基础的数字化解决方案是制造业服务化转型的有效途径，物联网能使制造业企业获得精准的产品使用和产品表现等方面的数据，从而更有针对性地提供产品与服务，以提高客户满意度和企业利润率。Pirola 等（2020）提出，数字技术会促进制造业企业的服务化转型过程，助力企业拉近与消费者的关系，进而在工业 4.0 时代创造新的价值。

总体来说，在数字经济背景下，国内外学者对制造业服务化转型企业如何以数字经济为依托，更快实现制造业高质量发展进行了广泛研究。但该类研究对数字经济作用于制造业服务化的理论机制普遍剖析得不够深入，也未能在二者结合的背景下提出创新性的新业态、新模式。因此，本书针对以上几个问题展开分析。

第三节　全球价值链升级相关研究

一、全球价值链的内涵与升级路径

全球价值链的研究最早起源于价值链的探索。Porter（1986）最早从管理运营的角度，将单个企业的生产活动分解为若干个增值环节，主要包括研发设计、生产装配及销售等环节，它们之间相互依存、相互联系，共同构成了一个有机集合体，称之为价值链。随后，Kogut 等（1985）认为，将某个产品增值活动突破企业界限延伸到具有合作生产关系的不同企业，构成产品价值链。Krugman 等（1995）则从生产工序的角度指出，许多产品被人为分割，并在世界多个地区同时进行，再集中于某处进行组装，构成了价值链。Gereffi（1995）又将产品价值链的生产运营范围拓展到全球区域内，将其称为全球价值链。在全球价值链生产活动中，由于各个环节承担的作用不同，增值空间也有所不同，在产品价值链条中的各个环节一般呈现出类似 U 型的增值能力曲线。即处于两端位置如产品研发设计及销售等一些技术资本密集型环节，增值能力强于加工装配与仓储运输等价值链的中间劳动密集型环节。我们将此 U 型曲线称之为价值链增值"微笑曲线"。实现价值链升级主要通过以下四种渠道：流程升级、产品升级、功能升级和链条升级（Kaplinsky et al，2002）。为了量化价值链升级的实际效果，并同时考虑数据的可得性，已有研究从出口产品质量、出口产品技术复杂程度、出口国内增加值率等不同维度指标对价值链升级进行刻画（Hausmann et al，2007；唐宜红等，2018；毛其淋等，2019；马丹等，2023）。

针对中国制造业努力向全球价值链中高端攀升的需求，中华人民共和国商务部研究课题组借鉴以往国家和企业实现价值链升级的成功案例，从国家层面和企业层面出发，共总结出 12 条实现价值链升级的路径，包括生产流程升级、生产资料要素升级、产出品功能质量升级、生产全产业链条等代表性价值链提升方式。中国实现价值链升级的基础是完成产业的价值链升级，从使用劳动密集低端生产要素嵌入价值链，向使用技术密集型生产要素进行过渡，并不断向价值链条中的两端攀升。具体到产品而言，就是从技术含量低的产品向质量高的产品转变；而价值位置则是由低端价值链向高端位置提升（倪红福等，2023）。事实上，价值链升级的内涵非常丰富和多元化，在以往的文献中并没有统一明确的定义。实现价值链升级的形式是多样化的，不过有一点是可以明确的，即价值链升级的最终落脚点，是向高附加值率的"微笑曲线"两端迈进，出口国家以及出口企业的价值链地位得到提升，对外贸易出口产品的技术含量和产品质量由低向高转变。

二、制造业服务化与全球价值链升级

制造业服务化的过程，既可以通过专业化分工并以服务外包的形式降低企业生产成本，提高企业生产效率，还可以通过包含高质量的人力资本和知识资本的上游生产性服务，以"飞轮"形式内嵌于制造生产过程当中，通过创新技术的溢出效应和企业的学习效应，促进企业的生产效率提升和出口产品升级。Arnold 等（2008）利用对非洲数千家微观制造业企业的调查数据，研究发现生产性服务投入对企业全要素生产率有显著提升作用。姚战琪（2010）基于中国投入产出数据实证检验了工业外包和服务外包对行业生产率的影响发现，无论是制造外包还是服务外包均能促进行业生产率提高，而且服务外包的促进作用更为明显。吕越等（2017）则从全球价值链的视角探究了制造业服务化和企业全要素生产率之间的关系。王飞等（2023）基于投入产出法，在全球价值链视角下对 1995—2019 年中国制造业增加值出口构成视角进行分解，分析出从服务业岗位投入的角度看，中国制造业服务化趋势不明显，尤其是在研发岗位上远低于全球平均水平。

第四节　本章小结

本章首先从文献梳理的视角归纳了制造业服务化的定义、内涵与应用，梳理了产业服务化发展的脉络。其次结合当前数字经济背景，阐述了全球主要经济体数字经济发展的程度、强度与现状，总结出当前数字经济通过信息壁垒打破、成本集约、创新效应促进了制造业发展的新趋势与服务化转型的方向，为产业高质量发展提升提供了可行路径。最后从全球价值链提升的内涵与发展路径阐述了制造业服务化的功能与作用。

第二章

制造业特征分类及演化趋势

　　制造活动是人类从事生产生活的主要活动之一，社会的发展和进步，离不开制造业的革新与发展。第二次世界大战之后，学界将制造业定义为："通过加工把原材料转化成产品的工业。"其中产出的是产品，其增值主要在加工过程中得以体现。制造业是国民经济的主体，是立国之本、兴国之器、强国之基。因此，全方位打造、建设和发展具有国际竞争力的制造业，是提升综合国力、保障国家安全、建设世界强国的必由之路①。

第一节　制造业的分类

　　制造业大多与实体产业联系紧密。根据在生产中使用有形的物质形态，制造业可划分为离散制造业和流程制造业。制造业的门类包括：产品制造、产品设计、原材料采购、设备组装、仓储运输、订单处理、批发经营零售等行业，具体可分为31类，包括农副食品加工业，食品制造业，酒、饮料和精制茶制造业，烟草制品业，纺织业，纺织服装、服饰业，皮革、毛皮、羽毛及其制品和制鞋业，木材加工和木、竹、藤、棕、草制品业，家具制造业，造纸和纸制品业，印刷和记录媒介复制业，文教、工

---

　　① 详情参见《中国制造2025》，地址：http://www.gov.cn/zhengce/content/2015 - 05/19/content_9784.htm。

美、体育和娱乐用品制造业，石油加工、炼焦和核燃料加工业，化学原料和化学制品制造业，医药制造业，化学纤维制造业，橡胶和塑料制品业，非金属矿物制品业，黑色金属冶炼和压延加工业，有色金属冶炼和压延加工业，金属制品业，通用设备制造业，专用设备制造业，汽车制造业，铁路、船舶、航空航天和其他运输设备制造业，电气机械和器材制造业，计算机、通信和其他电子设备制造业，仪器仪表制造业，其他制造业，废弃资源综合利用业，金属制品、机械和设备修理业。

如按照技术密集度区分，可将制造业分为资源型制造业产业、低技术制造业产业、中技术制造业产业、高技术制造业产业。其中，资源型制造业产业主要依赖当地自然资源，技术水平相对较低，代表性产业包括食品、烟草等产品的生产加工；低技术制造业产业则是技术要求较低、生产过程稳定的制造业产业，代表性产业包括纺织品、服装等；中技术制造业产业则会对技术有一定的要求，并需要相应的研发支持，代表性产业包括汽车工业等；高技术制造业产业对技术的要求较高，同时需要大量的研发投入，代表性产业包括航空航天、精密仪器等。

如按照生产过程进行分类，则可将制造业分为原材料加工制造业、零部件制造业、组装制造业、精密制造业和大规模生产制造业。原材料加工制造业主要进行初步加工和处理，以此获得半成品或者初始零部件，包括金属冶炼、木材加工等；零部件制造业主要进行初步的零部件生产工作，包括电子元件、汽车零部件等；组装制造业则主要进行零部件的装配工作，包括汽车装配、机械装配等；机密制造业是从事生产高精度和高质量产品的制造业，对于产品生产的各个阶段均有较为严格的控制，包括精密仪器、光学仪器等；大规模生产制造业是采用大规模生产工艺，进行标准化、自动化生产的制造业，包括消费电子产品生产、家电生产等。此外，还可按照产品性质、规模、行业等进行分类。

第二节　近现代以来制造业的演化历程

自蒸汽机发明以来，人类社会的工业革命已历经从 1.0 到 3.0 的发展阶段，目前正向工业 4.0 时代奔赴。从生产力发展角度看，自十八世纪第一次工业革命开始至今，生产力已经成百倍千倍的增长，全球经济的发展也因工业革命而紧密连接。时至今日，工业 4.0 的成果已远超前三次工业革命。从蒸汽机到智能化，新技术成为生产力增长的不竭源泉。受新冠肺炎疫情和中美贸易摩擦的国际局势影响，未来全球以制造业为主的产业链演进将呈现四大趋势：一是以双核体系为特征的全球产业格局将常态化；二是产业链区域化、本土化趋势将不断强化；三是产业链将兼具水平分工和垂直整合的特征；四是数字技术推动全球产业链向智能化、分布式、资本化的方向发展。制造业是实体经济的基石，产业链、价值链与供应链是制造业的"血脉筋骨"，是稳住经济大盘、实现高质量发展的重要支撑。因此，夯实制造业产业基础，巩固优势，对一国的工业化发展进阶道路具有重要意义。

图 2－1 是工业 1.0 至工业 4.0 的历史进阶图。可以看出，工业 1.0 的代表是以第一次工业革命为开端，英国开创了以机器代替手工劳动的时代。第四次工业革命是以人工智能、清洁能源、机器人技术、量子信息技术、虚拟现实，以及生物医药技术为主的技术革命。工业 4.0 概念是在 2013 年 4 月德国汉诺威工业博览会提出的。此次工业盛宴共有全球 65 个国家和地区的 5000 多家厂商参展。中国以近 600 家参展商规模成为除东道主德国以外的最大参展国。在为期五天的展会中，"工业 4.0"概念备受瞩目。作为代表全球制造业领域领先水准的国际展会，汉诺威工业博览会揭开了"第四次工业革命"的帷幕。

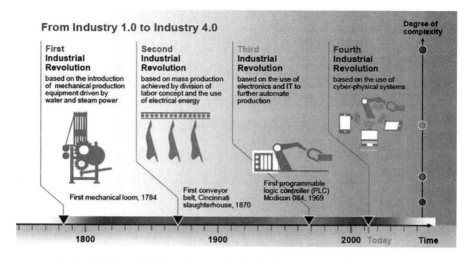

资料来源：根据韩布伟著作《工业4.0：时代爆点，颠覆世界的力量》整理。

图 2 – 1　工业 1.0 至工业 4.0 的历史进阶图

一、工业 1.0

《共产党宣言》中关于蒸汽机的作用有这样一段论述："市场总是在扩大，需求总是在增加，甚至工场手工业也不能再满足需要了。于是，蒸汽和机器引起了工业生产的革命。"工业 1.0 时代到来的原因正是蒸汽机的问世。

在蒸汽机问世的前夜，英国正面临着内忧外患的局面。亚当·斯密指出："一个国家繁荣最明确的标识，就是居民人数的增加。"在此之前，英国与法国经历了长达 116 年的领土战争。与此同时，黑死病这一疫病也在不断打击着英国脆弱的经济。到 1551 年时，英国的总人口不过区区 301 万人，这一数值仅相当于同期法国总人口数的 18%。简而言之，这时的英国人口稀少、经济萧条，可谓是民疲国穷。但在都铎王朝的第二位皇帝亨利八世继位之后，英国的情况发生了改变（陈潭，2016）。自其统治之后，英国人口开始增长，随之而来的是劳动力和社会需求的同步增长，这无疑刺激了英国经济的发展和农业生产的商品化过程。与此同时，圈地运动改变了英国落后的局面。圈地运动大致可以分为如下三个阶段。

（一）以条田的资源置换为主要内容的圈地阶段

日耳曼法虽为古代法，但深刻影响了近当代法律，尤其是英国等国的土地相关制度（曼德尔娃，2016）。每个人都会因此获得几小块土地。这样并不相连的土地被称为条田（张琳等，2016）。分散的条田导致当时英国的生产力的落后、农业产业效率的低下。因此，在13世纪人们开始通过互相协商对换或买卖的方式，以便于土地的集中，这样形成了最早的圈地运动。

（二）以抢占公地为主要内容的圈地阶段

在这一阶段，英国的领主们会将自己不直接经营的土地租借给佃农进行耕种。在此之外，一些公用地和森林沼泽等荒地为公共用地或者无主之地。然而，随着大块的土地变得紧缺，领主或佃农开始觊觎那些公共用地或森林沼泽，通过签订协议，形成法律框架的"圈占"。随着土地的集中，大地主在土地上的投入也逐步增加，包括耕种技术的改良、新农具的发明、新品种的培育等。从1750年开始，英国的粮食产量有了较为明显的提升。

（三）以对其他小土地主、农民土地的兼并为主要内容的圈地阶段

圈地运动的第三阶段始于邻国毛纺织业的繁盛。为了能满足日益旺盛的国外羊毛需求，英国一些富有贵族开始投资羊养殖业。相比于种植业，羊养殖更需要大片成片的土地。因此，在第二阶段的基础上，这些英国贵族开始打起了那些已经租种出去的土地的主意。他们把农民赶出家园，将抢来的土地变成养羊的牧场。之后，失去土地的农民转而成为毛纺织工场的手工业从业者，变成了受雇于新兴资产阶级的劳动力。由此，一大批农业资本家和新贵族产生了。

随着新航路的开辟，世界格局已悄然发生改变——原本贸易发生的地区性向全球性改变，而运输方式也逐渐从陆运转向了海运。于当时而言，

一个国家想要夺取更多的商业霸权、获得更为广阔的海外市场和产品供应地，就必须争夺殖民地霸权，而想要维护殖民地的霸权就必须获得海洋和航道的霸权。1562 年，英国黑奴贸易逐步兴起。在当时的统治者伊丽莎白一世的鼓励和支持下，英国人大肆开展贩卖黑奴的活动，这直接影响了当时西班牙海外贸易霸权的地位。1588 年 7 月，西班牙派出无敌舰队，想要通过海战的方式对英国进行打击。然而，拥有更先进火炮的英国舰队却意外打赢了"无敌舰队"，英国也就此奠定了"日不落帝国"的基础①。

　　强大的海军力量和广阔的市场进一步刺激了英国的纺织行业，英国的纺织厂主迫切地希望能进一步提高纺纱的速度，珍妮纺纱机就是在这样的际遇下问世的。纺纱机的出现又进一步推动了纺织行业的革命——卷轴纺纱机。但由于卷轴纺纱机需要巨大的厂房，并需要大量的工人集中操作，这一不足加速了"机器代替人"的思想——詹姆斯·瓦特在纽科门蒸汽机的基础上改良发明了新型蒸汽机。这种对于新发明的渴望不仅是因为英国高昂的人工成本，同时也是因为煤炭相对低廉的价格，人类社会也就此进入工业 1.0 时代。

　　詹姆斯·瓦特改进发明的新型蒸汽机是对近代科学和生产的巨大贡献。在蒸汽机加入工业生产后，蒸汽机带来的机械化操作取代了原有的手工操作，结束了人类对畜力、风力和水力的依赖。与此同时，集中生产的工厂制度逐渐代替了原有的手工工场模式，手工工场逐渐被淘汰。在蒸汽机的驱动下，英国摆脱了欧洲岛国的局面，城市化程度不断提高，由蒸汽机驱动而诞生的火车头以及铁路进一步提高了运输能力，陆运的成本大大减少。相对应地，生产能力的提升需要更广阔的市场来消化。机械化带来的优势让英国人自信地面对全球市场，但各国封闭式的管理模式又成为英国的苦恼。为了实施自由贸易政策，英国采用武力迫使一个又一个国家打

---

① 1588 年 7 月 29 日，西班牙无敌舰队在英吉利海峡被英国海军击败。

开了国门，"日不落帝国"由此成形。

在此过程中，德国开始以国家力量培训新技术人才，同时针对英国开展了一系列"工业间谍"行为。这样的学习行为也为工业 2.0 的到来埋下了伏笔。然而，曾经风光一时的西班牙却停滞不前，在其所拥有的财富中沉迷。

二、工业2.0

从十九世纪六七十年代开始，一系列电气发明逐渐问世。在英国科学家迈克尔·法拉第发现电磁感应后，发电机和电动机的问世逐步替代了蒸汽动力，成为驱动机器的主要能源。随着电力的广泛应用、内燃机和新交通工具的创制、通信手段的发明，人类迈入工业 2.0 时代。而在资本主义世界中，美国正是借着工业 2.0 完成了"逆袭"，逐步取代了英法的领先地位，走在了全球前列。

美国发展的外因可追溯于英国早期的海外殖民扩张运动。海外扩张运动使英国移民在美洲落地扎根。英国人在扎根美洲的前两个世纪里，从事的主要经济生活落脚在农业种植领域。此时，英国人对海外殖民地的认知概念是"殖民地应该为宗主国的利益而存在，生产宗主国所需要的东西，向宗主国提供可以出售其产品的市场"。正是在宗主国这样的压力下，当时的美国，除了家庭工业和小工厂，几乎没有任何工业。

面对现实的国情，美国需要一种新的农作物并作为自己主要的出口产品，而棉花恰好符合美国人所有的期待。美国人清楚，英国迫切希望美国能提供足量的棉花以应付其日益扩张的市场和对外战争。为了能提高棉产量、快速清理棉花籽，美国人发明了轧棉机，既极大地提高了棉籽捡净的效率，同时也提升了质量。再加上新品种的引入，美国的棉花种植面积不断扩大，棉花很快便成为美国最有价值的商品作物。

棉花产业和纺织工业的快速发展同时带动了其他产业的发展。第一次工业革命后，英国乃至整个西欧开始步入工业文明，这使更多的人离开农业岗位而进入工业岗位，这种变化又形成了巨大的食品需求。受此刺激，美国中部各州很快投入到粮食生产中，成为重要的粮食生产区。有别于英国的地少人多，美国缺少的不是土地而是足够的劳动力。为了弥补劳动力不足的问题，美国人掀起了一股农具改革的热潮，包括钢犁、播种机、收割机、打谷机、脱粒机和甘草收割机等一系列帮助提高农业生产效率的机器被发明并投入市场。南北战争后，美国又实施了一系列科学种地的措施，包括改良土壤、引进良种、使用化肥、防治病虫害等。在解决肉食相关产品的处理问题时，美国商人从英国引进了罐头技术，肉食罐头很快成为阿勒格尼山以西各地区的重要工业之一。

为了获取更多的土地，美国人不断向西拓展自己的商业空间，这使运输事业成为美国的重大问题之一。在政府的支持以及民众自发的投入下，陆运公路和水路运河解决了一定程度的运输问题，但最终从根本上解决运输问题的还是铁路运输。19世纪30年代，一些企业家为了能将内陆的原材料运往海港就开始建造铁路；到19世纪中后期时，整个美国进入了铁路时代，不断有新的铁路建成，更多的城市被连接起来；到19世纪90年代，庞大的铁路网将美国各区域联系成一个整体。

铁路运输业的发展离不开整个国家工业化程度的加深，同时也促进了美国的工业化发展，形成了良性的循环。硬实力的发展同样提升了美国的国际影响力，其中大量移民的涌入正是其软实力提升的重要体现。大量移民构成中，以英国移民居多，占半数以上；从职业类型来看，其中不乏很多商人、机械师、机械熟练工和矿工。美国广阔的土地和相对落后的状态也为这些"精英阶层"提供了广大的平台。与此同时，在软实力的感召下，美国将国内人才培养看得尤为重要。1860年之前，美国已开始着手进行教育体制改革：增加教育投资、实行公立学校和私立学校并举、推进义务教育等。除此以外，美国推动科学技术进步的另一项重大举措就是专利保护。美国第一届国会就通过了《专利法案》，规定发明者享有其著作或发明产品的专利权，发明者在一定时间范围内可以出售自己的版权或者发明权以获取收益，也可以通过法案维护自己的全力①。那些所谓的"精英阶层"都加入了创造发明的浪潮之中。

从工业 2.0 时代的发展进程来看，这场革命的萌发并非发源于美国，而是发源于最初的霸主——英国。然而，英国的传统产业始终保有优势，但却固执地看中原本的优势——美国源源不断供给原材料，纺织、煤炭、钢铁让英国的资本家们乐不思蜀。相比之下，处于落后的美国和德国为了能尽快发展而将大量的人力、物力投入新兴产业和技术方面。1894 年，美国成为世界经济第一强国，其工业生产总产值已达英国的两倍。正如列宁在研究了美国经济发展后的感慨："无论就 19 世纪末和 20 世纪初资本主义的发展速度来说，或者就已达到了资本主义发展的高度来说，无论就十分多样化的自然条件而使用最新科学技术的土地面积的广大来说，或者就人民群众的政治自由和文化水平来说，美国都是举世无双的。"

三、工业 3.0

第二次工业革命后，生产过程中开始出现高度自动化发展趋势，这为第三次工业革命（即工业 3.0 时代）的到来奠定了基础。在此阶段，电子信息技术得到了广泛应用，制造业也因为电子信息技术的加入而提升了自动化程度，机械设备开始替代人类进行大规模作业。

第三次工业革命以计算机、原子能、空间技术和生物工程的发明与应用为主要标志，以人类历史上第一颗人造地球卫星发射为开始标志。1957年，苏联在拜科努尔发射场发射了世界上第一颗人造地球卫星，成功地将

---

① 1790 年，美国国会通过了《专利法案》。

卫星送入了既定轨道，就此开启了人类利用航天器探索外太空世界的新模式①。美国也于 1958 年发射了自己的人造地球卫星②。自 20 世纪 60 年代开始，美苏两大经济体开始了航空航天领域的"军备竞赛"。1961 年，苏联宇航员乘坐飞船率先登陆太空；美国也不甘落后，在 1969 年实现了人类登月的梦想，轰动一时。

自 1975 年微软成立之后，苹果、戴尔相继诞生，而美国在线、雅虎、亚马逊、谷歌等一系列后来影响世界的互联网企业也随之成立。与此同时，伴随着计算机技术的发展，网络通信技术也在快速推进之中。从有线网络到无线网络，从拨号上网到宽带网络，信息技术的发展不仅拉近了彼此的距离，也让工业进入了电子信息时代。美国和德国几乎是同一时期研发出了可编程逻辑控制器。1969 年，美国数字设备公司研发出了世界上第一台可编程逻辑控制器，成功运用于汽车的生产流水线；1973 年，在欧洲大地，德国西门子公司几乎同时研制出了欧洲第一台可编程逻辑控制器。1971 年，微处理器的问世，加入微处理器的可编程逻辑控制器开始进行数据运算、传输处理等相关工作，从而真正成为具备了计算机特征的工业控制装置。为了能提高工业效率，工程师们又将 C 语言等编程语言引入控制器中，自此可编程逻辑控制器不仅能进行与或的逻辑关系，还能进行自适应、自学习等复杂的控制策略，广泛应用于工业设备当中，标志着工业 3.0 时代的到来。

工业 3.0 时代的到来，引起了生产各要素的变革，显著提高了人类社会的劳动生产率。世界经济迅速恢复和发展，跨国公司数量呈指数增长，加速了第二次世界大战后经济的恢复。在社会生活方面，第三次工业革命

---

① 1957 年 10 月 4 日，世界上第一颗人造地球卫星"卫星 1 号"发射升空，详情可参见：https：//www.ncsti.gov.cn/kcfw/jnr/202109/t20210922_41985.html。
② 1958 年 1 月 31 日，美国首颗卫星探险者 1 号发射成功，详情可参见：https：//www.kepuchina.cn/kpcs/lcb/lcb5/201608/t20160809_14221.shtml。

不仅带来了物的现代化，也改变了人类的劳动方式和生活方式，人的观念、思维方式、行为方式和生活方式逐步走向了现代化，其中最为明显的便是人类对于自动化的认知。电子计算机的发明和广泛使用，使人类对于生产、办公和家庭生活的自动化与智能化发展新趋势有了预期。

综上，第三次工业革命扩大了人类改造自然的活动领域，提高了人类与自然抗争的能力，把人类社会物质和精神文明推向了一个新高度。但同时，正是因为工业3.0时代的到来，生态环境恶化、资源过度消耗以及核威胁等问题逐渐显现。

四、工业4.0

工业4.0概念最早来自2011年汉诺威工业博览会。随着物理网络系统和物联网技术的发展，网络化成为第四次工业革命的核心内容，即：全面搭建一个物理化信息系统网络；智能工厂、差异化生产；事项横向集成、纵向集成和端对端集成；推进梯度化生产模式、产品规模与质量、客户需求导向的转变。

对于德国制造业而言，工业4.0意义非凡。德国政府为了能早日完成工业4.0的愿景，制定了双重战略，即让德国成为世界领先的市场和供应商。领先的市场战略是指开展信息物理系统方面的营销活动，致力于提高德国制造设备工业的生产效率和收益；而领先的供应商则是指通过信息物理融合系统将虚拟世界与现实世界融合起来，让国内制造业高度智能化、信息化。

工业4.0虽然是德国政府在危机意识和机遇意识的指导下提出的国家发展战略，但被世界各国普遍接受。以美国、日本和中国为代表的国家群体在通过各自的努力向工业4.0时代迈进。

美国通过各种计划促进先进制造业发展。2009年12月，美国公布了《重振美国制造业框架》；之后，美国又相继启动了《先进制造业伙伴计划》以及《先进制造业国家战略计划》，企图推进"再工业化"和"制造业回归"①。2010年，时任美国总统的奥巴马签署了《美国制造业促进法案》，希望借此能让制造业更具创造力，同时让制造业回归美国大陆，降低成本。

与德国类似，中国同样也是世界上最主要的制造业大国之一。凭借相对廉价的劳动力，中国在较长一段时间内集中发展劳动密集型产业，逐步成为"世界工厂"。但与德国、美国等西方发达国家发展历程不同的是，中国并非是先实现工业化，再推广信息化，而是工业化和信息化同步发展。早在2002年，中国就明确表示要走新型工业化的道路，即"坚持以信息化带动工业化，以工业化促进信息化，走出一条科技含量高、经济效益好、资源消耗低、环境污染小、人力资源优势得到充分发挥的新型工业化路子②"。在全球工业革命方兴未艾之时，2015年我国发布了《中国制造2025》，成为我国实施制造强国战略的第一个十年行动纲领。《中国制造2025》指出，制造业是国民经济的主体，是立国之本、兴国之器、强国之基，强调我国发展的最终目标是要向工业强国转型，即通过工业的发展使我国更加强大，同时促进中国由制造业大国向制造业强国转变。

五、工业4.0视角下的《中国制造2025》

2015年，我国国务院印发的《中国制造2025》指出，力争通过"三步走"的努力，到新中国成立一百年时，把我国建设成为引领世界制造业发展的制造强国，为中华民族伟大复兴的中国梦打下坚实基础。其核心内容是加快推动新一代信息技术与制造技术融合发展，把智能制造作为工业

---

① 2011年6月，奥巴马政府发布《先进制造业伙伴计划》，主要关注机器人、先进材料等国家安全关键领域；2012年2月，美国国家科学技术委员会出台了《先进制造业国家战略计划》，提出美国未来制造业发展的方向和举措。

② 详情参见中国共产党第十六次全国代表大会上的报告。

化和信息化深度融合的主攻方向，具体包括：研究智能制造发展战略；加快发展智能制造装备和产品；推进制造过程智能化；深化互联网在制造领域的应用；加强互联网基础设施建设。重点领域包括新一代信息技术产业、高档数控机床和机器人、航空航天装备、海洋工程装备及高技术船舶、先进轨道交通装备、节能与新能源汽车、电力装备、农机装备、新材料、生物医药和高性能医疗器械等十个具体领域。

相比于西方工业发达国家而言，中国制造业的现状可总结为现代与传统并存，其产业链的韧性与稳定性同步提升。而西方工业发达国家则是在完成工业化的基础上推进再工业化战略。因此，在充分借鉴西方工业发达国家再工业化战略的基础上，《中国制造2025》与西方工业发达国家再工业化战略下的指导纲要在起步阶段、发展目标以及实施具体内容三个方面具有不同之处。

第一，起步阶段不同。在产品制造方面，中国长期处于价值链相对中低端的位置。从运作效率来看，中国制造业大部分属于高消耗、高投入、高污染与低产出的粗放型经济增长方式，部分行业的发展现状仍处于工业3.0甚至工业2.0的发展阶段。而以德国为代表的西方发达工业国家早已完成了国家的工业化阶段，处于工业4.0的萌芽期。这些国家的工业发展方式也向资源集约型方式过渡并完成转变。

第二，发展目标不同。针对目前的起步阶段，《中国制造2025》提出中国将成为追赶者：在短期内能够就处于价值链中低端的现状做出改变并不断缩小差距；中期，即2035年能在实现国家工业化的基础上，进一步缩小与发达工业国家的巨大差距；长期能实现由制造业大国向制造业强国的转变。反观以德国为代表的西方工业发达国家，其工业4.0的目标则是一个领先者的姿态：不论在短期还是中期，能保持住全球制造业的高端位置，进而保持在国际市场中的竞争力；长期来看，是要持续扩大领先优势，避免其他国家的跟进挑战。

第三，实施内容不同。《中国制造 2025》仅仅从推动十大重点领域发展角度给出指导，而并未针对技术方面设定实现目标；而西方大多数工业发达国家则具备了较为明确的目标导向。以德国为例，其工业 4.0 战略直指技术本身，包括智能工厂、智能生产和智能物流三个方面。

总体来看，《中国制造 2025》侧重于改变目前我国制造业大而不强的现状，希望通过出台相关政策来加速经济转型和推动产业升级。经过《中国制造 2025》颁布后近 10 年的发展，我国工业呈现出门类齐全、技术溢出强、资本密集程度高的特征，下一步国家在政策上对我国工业发展提出了新的目标与规划。例如，在 2022 年，工信部、国家发改委等十部门颁布了《关于促进制造业有序转移的指导意见》，以增强产业链、供应链，明确下一步我国制造业区域重点产业承接与分梯度转移路径，激活我国不同区域间的产业优势，提高人力、能源效率，打通工业大市场，发力点在于全面提升我国区域制造业发展优势，增强我国工业产业链完备性与抗风险性能力。

第三节　制造业服务化趋势及测度方法

一、宏观视角下制造业服务化指标测度

早期对制造业服务化的研究集中在概念内涵与定性分析，随着研究进程的发展，越来越多的学者为精确测度制造业服务化水平，转向对制造业服务化的指标进行多方位的定量测度。已有的学术研究中，对制造业服务化测度依据研究问题主要分为两大类：其一采用投入产出法，应用产业层面统计数据进行指标多层次构建与测度，研判制造业服务化对产业及国家整体的影响；其二则通过企业微观数据，研究制造业服务化对微观企业绩效等的影响。

（一）制造业服务化测度分类

从宏观角度进行制造业服务化研究，多应用产业层面统计数据，目前使用较为广泛的有 OECD（经济与合作发展组织）数据库，WIOD（世界投入产出数据库）投入产出表等，探究制造业服务化对一国产业以及国家整体的影响。从生产到消费全产业链条过程来看，制造业服务化研究方向目前主要分为制造业投入服务化及制造业产出服务化，前者主要测算制造业在生产过程中使用多少服务投入，又根据服务投入的异质性可以划分为国内来源及国外来源等；后者主要研究制造业产品在生产后携带的服务价值，即关注从"产品"到"产品 + 服务"的转变情况，但局限于数据可得性，因此研究较少。也有部分学者采用贸易增加值核算法，以一国（产业）出口中内含的服务增加值比例作为制造业投入服务化的代理变量。

（二）制造业服务化指标构建

1. 投入产出表

就制造业服务化测度而言，目前在进行跨国投入产出分析中较多使用的研究方法为投入产出技术模式分析。投入产出表又称行业或产业链接平衡表，是反映一定时期各行业、部门间相互联系和平衡分配关系的一张平衡表，如表 2 - 1 所示。表中第 I 象限反映了部门间的生产技术联系，是整张表的最基本也是最关键的部分；第 II 象限反映了各部门产品的最终使用部分；第 III 象限反映了国民收入的首次分配状况；第 IV 象限反映了国民收入的再分配阶段。这里说明大多数再分配象限编纳过程存在不完整现象，有时考虑到准确性与计算可得性可以不单独列在表中。

表 2 - 1　价值型投入产出表

投入	中间产品	最终产品	总产品
物质消耗	X_{ij}	Y	X
新创造价值	N		
总投入	X		

在经济学领域研究中，将投入产出表通过增加值来源进行分解，计算制造业单位产值对服务业的消耗系数，进一步通过加总得出国别或行业层面下具体制造业服务化程度。投入产出分析能清晰计算出不同制造行业产出一单位最终品需消耗多少中间服务，还可以估计得出服务部门投入到制成品中的服务价值。表 2 - 2 为国际间多区域投入产出表（MRIO）一般形式。如彭水军等（2017）利用 OECD - ICIO 区分加工贸易的数据，基于 MRIO 模型对中国制造业出口中的服务增加值进行再测算，并比较分析两种不同贸易方式下国内服务化转型的变动趋势及其主要驱动因素。

以 A 国为例对模型进行说明：先从水平方向看，首先看产品生产的中间使用部分的元素 X^{AA}，它表示的是 A 国各行业投入到 A 国各行业中间消耗量，X^{AB} 则表示为 A 国各行业投入到 B 国各行业中间消耗量；然后观测最终使用部分的各个元素，如 F^{AA}，表示 A 国各行业被 A 国各行业最终消耗的部分，而 F^{AB}，则表示为 A 国各行业被 B 国各行业最终消耗的部分；最后 Y^A 表示 A 国的总产出。中间消耗需求 + 最终消耗需求 = （国内中间消耗需求 + 国外中间消耗需求）+ （国内最终需求 + 国外最终需求）= 总产出。再从竖直方向观察，X^{AA}、X^{BA} 和 X^{MA} 分别表示的 A 国为得到产值 X^A 而需要由 A 国、B 国和 M 国的各个行业分别投入量的投入矩阵，同时 V^A 则表示的是 A 国的增加值，所有中间投入 + 增加值 = （国内中间投入 + 国外中间投入）+ 增加值 = 总投入，并且任意一国（地区）任何一个部门的总投入量 = 总产出量。

表2-2　国际间多区域投入产出表

		中间使用				最终使用				总产出
		A国 1…n	B国 1…n	… 1…n	M国 1…n	A国	B国	…	M国	
中间投入	A国 1…n	X^{AA}	X^{AB}	…	X^{AM}	F^{AA}	F^{AB}	…	F^{AM}	Y^{A}
	B国 1…n	X^{BA}	X^{BB}	…	X^{BM}	F^{BA}	F^{BB}	…	F^{BM}	Y^{B}
	… 1…n	…	…	…	…	…	…	…	…	…
	M国 1…n	X^{MA}	X^{MB}	…	X^{MM}	F^{MA}	F^{MB}	…	F^{MM}	Y^{M}
增加值		V^{A}	V^{B}	…	V^{M}					
总投入		Y^{A}	Y^{B}	…	Y^{M}					

资料来源：作者依据 Timmer（2012）、王思语（2018）研究成果整理。

已有研究在进行跨国投入产出分析时，往往假设世界中存在 G 个国家以及 N 个行业，其中 Y 为最终需求矩阵，B 为完全消耗系数矩阵，也称列昂惕夫逆矩阵，V 为增加值系数矩阵（Koopman et al, 2014；綦良群等，2021）。矩阵 B 中包含要素直接投入和间接投入，v_s 为 s 国所有行业加总下所获产出的增加值，由此可得式（2.1）。

$$V_s B_{sr} \& Y_r = \begin{bmatrix} v_s^1 & 0 & \cdots & 0 \\ 0 & v_s^2 & \cdots & 0 \\ \cdots & \cdots & \cdots & \cdots \\ 0 & 0 & \cdots & v_s^n \end{bmatrix} \begin{bmatrix} b_{sr}^{11} & b_{sr}^{12} & \cdots & b_{sr}^{1n} \\ b_{sr}^{21} & b_{sr}^{22} & \cdots & b_{sr}^{2n} \\ \cdots & \cdots & \cdots & \cdots \\ b_{sr}^{n1} & b_{sr}^{n2} & \cdots & b_{sr}^{nn} \end{bmatrix} \& \begin{bmatrix} Y_r^1 \\ Y_r^2 \\ \cdots \\ Y_r^n \end{bmatrix} \quad (2.1)$$

将式（2.1）中各项相乘但不加总，可得式（2.2）。下标表示国家，上标表示行业，以行一列二的 $v_s^1 b_{sr}^{12} Y_r^1$ 为例，该项表示国家 s 的行业 1 出口到国家 r 的行业 2 的增加值。从矩阵加总含义来看，矩阵的每一行表示国家 s 的某一指定的行业出口到国家 r 全部行业的增加值，而表中矩阵的每一列表示国家 s 的全部行业出口到国家 r 的某一指定行业的增加值。

$$V_s B_{sr} \& Y_r = \begin{bmatrix} v_s^1 b_{sr}^{11} Y_r^1 & v_s^1 b_{sr}^{12} Y_r^1 & \cdots & v_s^1 b_{sr}^{1n} Y_r^1 \\ v_s^2 b_{sr}^{21} Y_r^2 & v_s^2 b_{sr}^{22} Y_r^2 & \cdots & v_s^2 b_{sr}^{2n} Y_r^2 \\ \cdots & \cdots & \cdots & \cdots \\ v_s^n b_{sr}^{n1} Y_r^n & v_s^n b_{sr}^{n2} Y_r^n & \cdots & v_s^n b_{sr}^{nn} Y_r^n \end{bmatrix} \quad (2.2)$$

进一步拓展到 G 个国家，则得到总的增加值矩阵式（2.3）。其中 $v_A b_{AA} Y_A$（上标不作特别要求）表示国家 A 出口至本国的增加值，而 $v_A b_{AB} Y_A$（上标不作特别要求）则表示国家 A 出口至 B 国的增加值。通过矩阵结果可以清晰了解一国增加值的来源与去向，行向量项表示增加值去向，列向量项表示增加值来源。以此类推，选取公式上标中为服务业的向量进行加总，则可以得出每个国家出口增加值中服务价值含量，并进一步测算得出一国制造业整体的出口服务化程度，其表达式为服务要素价值与制造业总出口之比。

$$V_S B_{sr} \& Y_r =$$

$$
\left\{
\begin{bmatrix}
v_1^1 b_{11}^{11} Y_1^1 & v_1^1 b_{11}^{12} Y_1^1 & \cdots & v_1^1 b_{11}^{1n} Y_r^1 \\
v_1^2 b_{11}^{21} Y_1^2 & v_1^2 b_{11}^{22} Y_1^2 & \cdots & v_1^2 b_{11}^{2n} Y_1^2 \\
\cdots & \cdots & \cdots & \cdots \\
v_1^n b_{11}^{n1} Y_1^n & v_1^n b_{11}^{n2} Y_1^n & \cdots & v_1^n b_{11}^{nn} Y_1^n
\end{bmatrix}
\cdots
\begin{bmatrix}
v_1^1 b_{1G}^{11} Y_G^1 & v_1^1 b_{1G}^{12} Y_G^1 & \cdots & v_1^1 b_{1G}^{1n} Y_G^1 \\
v_1^2 b_{1G}^{21} Y_G^2 & v_1^2 b_{1G}^{22} Y_G^2 & \cdots & v_1^2 b_{1G}^{2n} Y_G^2 \\
\cdots & \cdots & \cdots & \cdots \\
v_1^n b_{1G}^{n1} Y_G^n & v_1^n b_{1G}^{n2} Y_G^n & \cdots & v_1^n b_{1G}^{nn} Y_G^n
\end{bmatrix}
\right.
$$

$$\cdots \qquad \cdots \qquad \cdots$$

$$
\left.
\begin{bmatrix}
v_G^1 b_{G1}^{11} Y_1^1 & v_G^1 b_{G1}^{12} Y_1^1 & \cdots & v_G^1 b_{G1}^{1n} Y_1^1 \\
v_G^2 b_{G1}^{21} Y_1^2 & v_G^2 b_{G1}^{22} Y_1^2 & \cdots & v_G^2 b_{G1}^{2n} Y_1^2 \\
\cdots & \cdots & \cdots & \cdots \\
v_G^n b_{G1}^{n1} Y_1^n & v_G^n b_{G1}^{n2} Y_1^n & \cdots & v_G^n b_{G1}^{nn} Y_1^n
\end{bmatrix}
\cdots
\begin{bmatrix}
v_G^1 b_{GG}^{11} Y_G^1 & v_G^1 b_{GG}^{12} Y_G^1 & \cdots & v_G^1 b_{GG}^{1n} Y_G^1 \\
v_G^2 b_{GG}^{21} Y_G^2 & v_G^2 b_{GG}^{21} Y_G^2 & \cdots & v_G^2 b_{GG}^{2n} Y_G^2 \\
\cdots & \cdots & \cdots & \cdots \\
v_G^n b_{GG}^{n1} Y_G^n & v_G^n b_{GG}^{n2} Y_G^n & \cdots & v_G^n b_{GG}^{nn} Y_G^n
\end{bmatrix}
\right\}
$$

$$(2.3)$$

服务价值含量表达式及制造业服务化程度分别为式（2.4）与式（2.5）。其中 G 表示某国，i 为具体细分服务行业，Ω 为服务行业的集合（下标不作要求）。

$$S_G = \sum_{i=\Omega} v^i b^{in} y^n \qquad (2.4)$$

$$ser_G = \frac{\sum_{i=\Omega} v^i b^{in} y^n}{y^n} \qquad (2.5)$$

为进一步深入研究我国制造业服务化情况，有学者尝试将跨国投入产出模型中 G 个经济体，N 个行业进行简化，汇总为将除中国以外的国家汇总为一个大的经济体（表2-3），构建投入产出模型（Lau et al, 2007；许冬兰等，2021）。陈华等（2021）将除中国大陆外的其他64个经济体合并统称为"其他经济体"，然后着重分析中国与其他经济体各部门间的生产消耗关系并测度中国制造业投入服务化水平。为分析中国制造业在不同贸易方式下的投入服务化水平，将中国36个行业划分为4类：第一产业、

表 2 - 3 简化版投入产出表

		中间需求							最终需求		总产出
		中国				其他经济体			中国 HFGE、GGFC、GFCF…	其他经济体	
		第一产业	一般贸易制造业	加工贸易制造业	服务业	第一产业	制造业	服务业			
中国	第一产业 一般贸易制造业			X^{gg}						F^{gg}	Y^{m}
	加工贸易制造业			X^{pp}						F^{pp}	Y^{p}
	服务业			X^{ss}						F^{ss}	Y^{s}
其他经济体	第一产业			…						…	…
	制造业			…						…	…
	服务业			…						…	…
增加值				V^{m}							
总投入				Y^{n}							

资料来源：作者根据文献整理。

一般贸易制造业、加工贸易制造业和服务业；将其他经济体 36 个行业划分为 3 类：第一产业、制造业和服务业。

重构后的矩阵如式（2.6）。在形成的新矩阵中，下标表示国家（下标 c 表示中国，下标 r 表示其他国家），上标表示行业。

$$
V_c B_{cr} \& Y_r =
\begin{bmatrix}
v_c^1 & 0 & \cdots & 0 \\
0 & v_c^2 & \cdots & 0 \\
\cdots & \cdots & \cdots & \cdots \\
0 & 0 & \cdots & v_c^n
\end{bmatrix}
\begin{bmatrix}
b_{cr}^{11} & b_{cr}^{12} & \cdots & b_{cr}^{1n} \\
b_{cr}^{21} & b_{cr}^{22} & \cdots & b_{cr}^{2n} \\
\cdots & \cdots & \cdots & \cdots \\
b_{cr}^{n1} & b_{cr}^{n2} & \cdots & b_{cr}^{nn}
\end{bmatrix}
\&
\begin{bmatrix}
Y_r^1 \\
Y_r^2 \\
\cdots \\
Y_r^n
\end{bmatrix}
$$

$$
=
\begin{bmatrix}
v_c^1 b_{cr}^{11} Y_r^1 & v_c^1 b_{cr}^{12} Y_r^1 & \cdots & v_c^1 b_{cr}^{1n} Y_r^1 \\
v_c^2 b_{cr}^{21} Y_r^2 & v_c^2 b_{cr}^{22} Y_r^2 & \cdots & v_c^2 b_{cr}^{2n} Y_r^2 \\
\cdots & \cdots & \cdots & \cdots \\
v_c^n b_{cr}^{n1} Y_r^n & v_c^n b_{cr}^{n2} Y_r^n & \cdots & v_c^n b_{cr}^{nn} Y_r^n
\end{bmatrix}
\tag{2.6}
$$

2. 直接消耗系数与完全消耗系数

学者在进行制造业服务化测度时，会根据研究需要选择直接消耗系数（Direct Consumption Coefficient）与完全消耗系数（Complete Consumption Coefficient）两种类型。直接消耗系数，是指某一产品部门（如 j 部门）在生产经营过程中单位总产出直接消耗的各产品部门（如 i 部门）的产品或服务的数量。直接消耗系数体现了列昂惕夫模型中一国整体经济中各个行业与生产结构的基本特征，是用来测算完全消耗系数的基础。它充分揭示了国民经济各部门之间的技术经济联系，即各行业之间相互依存和相互制约关系的强弱变动，并为构造投入产出模型提供了重要的经济参数。完全消耗系数，是指某一产品部门（如 j 部门）在生产经营过程中每提供一个单位最终使用直接消耗和间接消耗的各产品部门（如 i 部门）的产品或服务的数量。将各产品部门的完全消耗系数用表的形式表现出来，就是完全消耗系数表或完全消耗系数矩阵，不仅反映了国民经济各部门之间直接的技术经济联系，还反映了国民经济各部门之间间接的技术经济联系，并通过线性关系，将国民经济各部门的总产出与最终使用联系在一起。消耗系数由以下三个部分组成：直接消耗系数、间接消耗系数及完全消耗系数。以上理论同样可应用并拓展到国际贸易中不同国家产业之间相互联结的关系。在国民经济运行系统中，一国内部或跨国产业之间存在"你中有我，我中有你"的彼此关联性，既存在直接联系，又存在间接的相互依存。例如，中国棉纺织品行业与澳大利亚清洁能源与铁矿石等矿产行业虽相隔南北半球，但存在中间品的贸易往来与生产上下游的投入。综上所述，制造业服务化本质代表服务要素与制造要素的高度融合的动态发展阶段，其完全消耗根据上述理论，同样是由直接消耗与间接消耗两部分组成。

在跨国投入产出计算以外，学者也将其应用于一国国内具体制造业行业，计算我国不同制造业部门服务化水平（Park，1994；刘斌等，2016；许和连等，2017；王思语等，2019；袁征宇等，2020）。根据上述理论可知，完全消耗系数包括直接消耗系数与间接消耗系数，其中直接消耗系数是指部门产品生产过程中对生产过程中间品的直接消耗，如式（2.7），其中：x_{pq} 是 q 部门中间消耗 p 部门产品的数量；X_q 是 q 部门总产值；a_{pq} 表示 q 部门生产单位产品对 p 部门产品的消耗量。

$$a_{pq} = \frac{x_{pq}}{X_q}, p, q = 1, 2, \cdots, n \qquad (2.7)$$

由此推得 n 个部门的直接消耗系数矩阵（A）为式（2.8）。

$$A = \begin{bmatrix} a_{11} & a_{12} & \cdots & a_{1n} \\ a_{21} & a_{22} & \cdots & a_{2n} \\ \cdots & \cdots & \cdots & \cdots \\ a_{n1} & a_{n2} & \cdots & a_{nn} \end{bmatrix} \qquad (2.8)$$

完全消耗系数（b_{pq}）是指 q 部门生产一单位最终使用需要完全消耗 p 部门产品的数量，代表部门之间的直接和间接联系。完全消耗系数矩阵为式（2.9）。

$$B = \lim_{k \to \infty}(A + A^2 + \cdots + A^k) = (I - A)^{-1} - I = \begin{bmatrix} b_{11} & b_{12} & \cdots & b_{1n} \\ b_{21} & b_{22} & \cdots & b_{2n} \\ \vdots & \vdots & \ddots & \vdots \\ b_{n1} & b_{n2} & \cdots & b_{nn} \end{bmatrix}$$

$$(2.9)$$

完全消耗系数也可表示为式（2.10），其中，$Servitization_{ij}$ 代表制造业 i 的服务化程度水平，公式右侧第一项表示 i 部门对 j 服务部门的直接消耗量，第二项表示第一轮的间接消耗量，以此类推，$i+1$ 项为第 i 轮间接消耗量。

$$Servitization_{ij} = a_{ij} + \sum_{k=1}^{n} a_{ik}a_{kj} + \sum_{s=1}^{n}\sum_{k=1}^{n} a_{is}a_{sk}a_{kj} + \cdots \qquad (2.10)$$

与式（2.8）的直接消耗系数相比，式（2.9）和式（2.10）的完全消耗系数考虑了间接消耗，反映了制造业服务化的全过程，计算更为复杂和准确。但是，用完全消耗系数作为制造业服务化的量化指标可能存在一定缺陷。因为在其他条件相近的情况下，中间投入高的部门往往具有更高的完全消耗系数，可能引致服务的重要性被高估，从而与实际的服务化程度不一致。

为了弥补这一不足，刘斌等（2016）使用完全依存度来衡量制造业服务化水平，如式（2.11）所示。其中：b 为完全消耗系数；下标 i、j、m 分别代表各经济部门、制造业内行业部门和服务业部门。

$$ser_{ij} = \frac{b_{mj}}{\sum_{i=1}^{n} b_{ij}}, i = 1, 2, \cdots, n \qquad (2.11)$$

二、微观视角下制造业服务化指标测度

投入产出分析虽广泛存在于制造业服务化测度中，但也存在弊端，主

要原因在于使用该方式进行测算受制造业行业数量局限（祝树金等，2021），无法准确反映我国数以万计微观制造业企业制造业服务化情况。基于此，在进行我国国内制造业企业服务化测度时，学者为了更加详尽描述企业制造业服务化往往利用多种代理变量构建企业维度制造业服务化指标，经过汇总主要分为两类：一是直接从不同研究理论出发，构建制造业服务化评价体系或用多种指标进行衡量；二是采用企业的经营范围，即通过企业注册或经营信息搜集，判断企业所涉及的服务行业信息，再应用或直接应用企业服务行业收入或占总营业收入比重衡量服务化实施程度。

（一）综合指标构建

方明等（2022）在资源基础观角度下，认为企业是能力与资源的集合体，企业通过对稀缺性资源的配置和利用逐步显现出其竞争优势，因此从企业内生视角构建3个维度，10个指标的制造业服务化评价体系（表2-4），并通过熵权法进行最终指标计算。

表2-4　制造业服务化评价体系

维度	指标	代理变量
企业内部资源	有形资源	固定资产黏性
		自由现金流
	人力资本	董监高中硕士学历占比
	资本累积	资本保值增值率
企业能力	技术创新能力	研发投入强度
	盈利能力	净资产收益率
	组织管理能力	总资产周转率
治理结构	股权结构	股权集中度
	管理层激励	管理层持股比例
	董事会治理	董事会中独立董事占比

数据来源：根据方明等（2022）整理。

从投入角度，刘斌等（2016）、许和连等（2017）采用服务投入占工业总产值的比例来衡量微观企业制造业服务化水平，如式（2.12）所示。

其中，ser 表示单个企业制造业服务化水平，$manage_{c,t}$ 表示企业 c 在 t 年度的管理费用，$sales_{c,t}$ 表示企业 c 在 t 年度的销售总额；$finance_{c,t}$ 表示企业 c 在 t 年度的财务费用，$output_{c,t}$ 为企业 c 在 t 年度的工业生产总值。

$$ser_{c,t} = \frac{manage_{c,t} + sales_{c,t} + finance_{c,t}}{output_{c,t}} \qquad (2.12)$$

（二）单一指标选取

Fang 等（2009）、陈丽娴等（2017）通过两步判断的方法构造企业服务化指标。第一步，利用上市企业公开信息核对企业经营产品类型、经营服务范围等信息，初步判定企业是否开展服务业务，采用虚拟变量方式将主营业务包含服务业务的制造业企业赋值为"1"，其他制造业企业赋值为"0"。第二步，对于确认进行制造业服务化的企业进行服务化深度测算，依据企业年报中的营业收入数据，汇总每家企业的服务业务收入数据，将总营收划分为服务业务和非服务业务收入，通过计算服务业务收入占总收入的比重来测度制造业企业服务化程度。

也有学者直接采用企业财务数据中主营外业务收入作为服务业务收入，并以主营外业务收入占企业总产值的比重作为企业制造业服务化指标，并发现制造业服务化对食品饮料加工与纺织品行业等发展较为成熟企业的公司绩效方面呈现"U 型"发展趋势（肖挺等，2014；Reinartz et al，2008）。也有学者认为服务化程度与企业经营绩效呈"马鞍"型曲线关系（Kastalli et al，2013）。同时，制造业服务化对企业竞争力、企业高质量发展水平的影响也呈现"U 型"发展趋势。许和连等（2017）将制造业服务化按照制造业开展服务业与主营制造产品间的联系程度区分为制造业现代服务嵌入和传统服务嵌入，发现制造业现代服务嵌入对企业创新数量和创新质量均具有提升效应，而传统服务嵌入仅对创新数量具有促进作用。

第四节　本章小结

在当今的国际工业品市场中，我国的工业产品大多仍处于与发达国家"追、赶、跑、跳、碰"的赶超阶段。首先，我国需要以更为积极的心态迎接智能制造时代的到来。纵观西方工业发达国家的工业发展史，主动发展、寻求技术突破是其发展的要义。不论是第一次工业革命英国在纺纱技术上的探索，还是第二次工业革命美国人为提高运输事业将蒸汽机应用于铁路，和德国人在汽车技术上的一路领先，他们都是主动寻求技术突破，降低生产成本，提高生产效率，而非等待时代的大潮滚滚而来。工业4.0时代的萌芽已经发起，作为制造业大国的我们也需要在价值链上升级换代，谋求更高端的工业产品并创造相应的附加价值。

其次，我国需要探索出一条适合自己国情的发展路径。尽管我国目前是世界第一制造大国，但是从整体而言我国还是一个发展中国家，工业化也尚未完成。正如前文所述，我国实行的是工业化和信息化并行的发展战略，目前的工业体系当中仍然存在结构不合理、大而不强、产品质量参差不齐的问题。因此，在这个落后与先进、传统与现代并存的发展状态下，如何能找到一条适合我国国情的发展路径就显得尤为重要。我国目前所面临的问题，包括人与工业之间工作的分配、工业物料的使用率和效率以及目前我国资源环境的不平衡等问题。这就要求我国工业的发展路径需要兼顾产业转型、高端领域发展以及经济增长和社会稳定的平衡。

最后，我国需要有短期的发展战略安排以及长期的战略发展大纲。中国制造业当前面临着多方面的挑战。对外，以德国为代表的西方工业发达国家仍然在不断推进其工业化战略，工业4.0的领先地位仍未改变，我国还是一个追赶者的角色；对内，我国工业整体上技术创新能力不强，如芯片制造等核心技术仍然依赖于进口，在全球价值链当中并未处于高端地位。随着整体经济的发展，我国原本的人口红利正逐渐减少，部分工厂也出现了产业转移的趋势。因此，在面对外界压力的背景下，我国的工业发展要充分考虑当下的战略安排以及未来长远的战略发展目标，完成从制造大国向制造强国的转变，如短期仍然把握住价值链中端与低端市场，但集中力量在某几个行业中重点进行技术突破，逐步形成行业内的领先优势；中期在建立新优势的同时，投入更多科研力量，巩固基础并发展新优势，最终实现转型升级。

第三章

生产性服务贸易对中国制造业
企业出口绩效的影响

第一节　以生产性服务贸易驱动制造业出口
绩效提升的必要性论证

一、问题引出

制造业服务投入化已成为当前制造业产业转型升级的标志性特征之一，服务投入在生产过程发挥着不可替代的作用，加快发展服务业特别是生产性服务业已成为各国共识。那么制造业是否从本国生产性服务业快速发展中获益，以及获益程度如何？本书通过测算中国生产性服务贸易竞争力，间接衡量中国生产性服务业的发展水平，并与世界主要经济体进行对比分析，建立生产性服务贸易竞争力与制造业企业出口绩效的计量模型，探讨中国生产性服务贸易竞争力对制造业企业出口绩效的影响程度，分析生产性服务业是否能让制造业企业获益，为如何提高制造业企业出口绩效提供新的解释视角。

二、生产性服务业发展与企业出口绩效提升的内在机理

本研究基于 Grossman 等（2008）的任务贸易模型，构建中国生产性服

务贸易竞争力影响制造业企业出口绩效的理论模型；从生产者成本最小化的角度出发，厘清中国生产性服务贸易竞争力影响制造业企业出口绩效的内在机制；通过拓展分析探讨中国生产性服务贸易竞争力对不同行业企业、不同所有制企业的影响异质性。

党的二十大报告在推动形成全面开放新格局部分提出"推进高水平对外开放。稳步扩大规则、规制、管理、标准等制度型开放。推动货物贸易优化升级，创新服务贸易发展机制，发展数字贸易，加快建设贸易强国"。《中华人民共和国国民经济和社会发展第十四个五年规划和2035年远景目标纲要》进一步明确要"立足国内大循环，协同推进强大国内市场和贸易强国建设"。当前，中国对外贸易仍以传统的货物贸易为主，根据世界贸易组织的统计，中国已经成长为货物贸易排名第一的国家，但同世界主要经济体之间的服务贸易却存在长期贸易逆差。与美欧等发达经济体相比，中国服务贸易占对外贸易比重小，服务业发展水平低，服务贸易竞争力排名靠后。因此，客观分析中国生产性服务贸易竞争力，全面了解中国生产性服务业发展情况，探讨生产性服务贸易竞争力对中国制造业企业出口绩效的影响程度，对加快中国制造业转型升级，提高制造业竞争力，助推从贸易大国向贸易强国转变具有重要的现实意义。

第二节　中国制造业与生产性服务业发展的事实特征

一、中国制造业与生产性服务业发展的内外环境分析

目前，中国对外贸易处于转型关键期，既要面临日益恶化的国际贸易环境，也要突破国内产业升级面临的诸多障碍。世界银行数据显示，2019年中国货物贸易出口额达到23990.2亿美元，占世界货物贸易总出口额的12.8%，几乎是美国货物出口额的1.45倍。与此同时，货物贸易出口额的

年增长率已经由 2005 年的 29%，降至 2019 年的 -1%，出口贸易额逐年上升，但出口增长动力明显不足，货物出口或将触及"天花板"。制约中国制造业企业出口规模的外部环境因素主要有两个：一是全球经济发展自 2008 年金融危机以来并未得到实质性改善，各国经济出现不同程度的增速放缓迹象，同时叠加新冠疫情冲击和乌克兰危机的影响，国际市场需求不足；二是在全球经济持续低迷的消极影响下，国际政治经济格局呈现"逆全球化"的趋势。制约中国制造业企业出口规模的内部因素包括：一是中国传统劳动密集型产业的比较优势逐渐消失，制造业企业面临的用工、原材料等生产要素的成本上涨，导致制造业原有靠低成本竞争的优势不断丧失；二是企业整体研发创新投入较低，使产品除价格以外的优势不够明显，在国际市场中缺乏竞争力。在众多因素叠加下，中国货物贸易出口增长动力不足，甚至出现负增长情况。因此，如何进一步提振对外贸易发展已成为重要的现实议题。

与此同时，中国生产性服务业发展正面临更多机遇。一是在新冠疫情冲击和乌克兰危机的叠加影响下，全球产业结构和产业布局开始调整，服务贸易结构发生变化；二是科技水平快速提升，企业生产趋向智能化、数字化，使以知识和技术密集为特征的生产性服务贸易额占全球总贸易额的比重逐年攀升；三是生产性服务业对我国制造业转型升级的促进作用日益明显，《中国制造 2025》指出，要加快制造与服务的协同发展，促进生产型制造向服务型制造转变，加快生产性服务业发展，并鼓励制造业企业增加服务环节投入。《中华人民共和国国民经济和社会发展第十四个五年规划和 2035 年远景目标纲要》也指出，推动生产性服务业融合化发展，以服务制造业高质量发展为导向，推动生产性服务业向专业化和价值链高端延伸，聚焦提高产业创新力、提高要素配置效率、增强全产业链优势，推动现代服务业与先进制造业、现代农业深度融合，培育具有国际竞争力的服务企业。

二、相关研究回顾

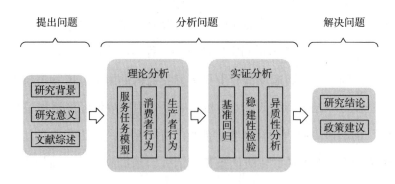

图 3 - 1　技术路线图

本研究的技术路线如图 3 - 1 所示，研究内容的边际贡献在于：在 Grossman 等（2008）的基础上，加入生产性服务贸易竞争力指数，对制造业企业服务任务投入的采购成本进行了修正，构建出对企业出口绩效影响的理论模型，建立了生产性服务贸易竞争力影响企业出口绩效的微观机制。理论分析表明，生产性服务贸易竞争力的提高，可以降低制造业企业服务任务投入的生产成本，最终会降低企业出口产品的价格，而企业出口产品价格的降低会提高进一步出口目的地国家的消费者需求，进而提高制造业企业的出口绩效。

（一）服务投入对制造业影响的研究

1. 服务投入对产业升级与分工的影响

制造业是国民经济中的支柱产业，在拉动我国经济增长过程中起着关键作用，目前关于市场开放如何影响出口的研究大多集中在制造业中间品投入对制造业企业出口的作用（孙浦阳等，2018），而服务作为中间投入对制造业企业的影响同样不可忽视。随着制造业行业的革新升级，服务已经成为制造业企业生产过程中不可或缺的中间投入品（Francois et al，2010；Bas，2014），在现代工业生产中的比重也越来越高，逐渐成为促进制造业发展的重要因素（刘戒骄，2002；江小涓，2011），很大程度也会影响制造业转型升级的进度和方向（戴翔，2016）。特别随着科技的快速发展，以人工智能、5G 等技术在制造业中的应用，制造业在含有技术、专利等知识产权和人力资本类的先进服务要素投入方面比例逐年提高，对提升企业制造业生产过程服务水平和制造业转型升级起到关键作用（Breinlich et al，2011）。

结合实际情况分析，目前中国已经度过了加入 WTO 以来出口快速扩张的时期，从国际经验来看，中国制造在全球市场份额也达到或接近第二次世界大战之后德国、日本和美国所达到的最高历史水平，进一步提升的空间十分有限，或将触及出口的"天花板"。因此，中国若要进一步提升制造业出口，必须打破原有的粗放式发展路径，将原有依靠劳动力资源禀赋竞争模式转变为依靠科技禀赋的高质量竞争模式。在全球价值链分工体系下，一国出口增长存在着两种基本形式：一种是基于传统总值核算法得出的名义上出口增长，另一种是建立在增加值核算基础之上的真实出口增长。结合上述理论，通过生产性服务业发展对中国制造业转型升级的支持，一方面能提升中国出口增加值率，从而实现制造业出口真实增长；另一方面制造业的转型升级必然会提升其产品在国际市场中的竞争力，提升制造业出口规模实现名义上的增长（戴翔等，2018）。

从全球价值链分工的角度看，服务作为中间品投入，在全球生产和分工体系中的作用日益凸显，服务投入愈发成为一种"黏合剂"，将制造业企业分工在全球各地不同生产阶段"黏合"在一起，在企业更加紧密高效的生产过程中发挥着重要的作用（戴翔等，2018）。特别是在以跨国公司为主体的生产链条中，生产性服务发挥着重要的纽带作用，可以将跨国公司分散在全球各国的生产环节紧密连接在一起（顾国达等，2010）。

2. 服务投入对企业生产成本与效率的影响

服务投入在制造业企业生产过程中的比重日益提高，对企业生产成本、生产效率等指标产生了显著的影响。从生产成本的角度来看：一方面，制造业企业通过向服务型企业采购更加专业化的中间投入服务，能显著的降低制造业企业的投入成本，从而具有更加直接的成本降低效应（程大中，2008；王秋石等，2011）；另一方面，从比较优势的角度出发，在高度专业化分工的今天，制造业企业采取外购服务投入的行为，可以更好地聚焦于企业具有比较优势的制造阶段，势必提升企业的生产效率，间接降低了企业的生产成本（吕政等，2006；Kastalli et al，2013；张振刚等，2014），而生产性服务是制造业企业主要的中间产品投入，是其成本中重要的组成部分（邱爱莲等，2014）。

国内外的研究通过实证也证明了服务投入对制造业生产效率的影响。Amiti 等（2009）在对美国离岸制造业生产率的研究中发现，离岸服务业对其生产率的影响已经占到了10%左右。对于发展中国家而言，由于国内的服务业发展水平相较于发达国家而言有所差距，因此需要通过进口服务的方式来提高企业服务投入进而提升制造业生产效率。根据 Hoekman 等（2017）对发展中国家的研究，发现加大服务贸易强度可使制造业企业生产效率提高 0.3%。而中国国内服务业的开放也使制造业企业可以以更低的贸易壁垒为代价获取国外更加优质的服务中间品投入，特别是一些重要的生产性服务业开放，可以有效提高国内制造业企业的生产效率（张艳等，2013）。

从影响路径来看，一方面随着生产性服务贸易的开展，制造业企业自由选择外购部分或全部的服务投入，从国际市场中获取高质量的服务投入，可以更加专注在企业核心业务中，将更多的资源利用整合，提高其生产效率和资源配置的效率，使企业可以实现规模经济的生产（樊秀峰等，2012；邱爱莲等，2014；赵若锦等，2023）；另一方面，生产性服务贸易自由化也使企业以更低的成本获取优质服务投入，优化企业低效率生产环节，刺激企业技术革新的内生动力，进而提高企业的生产效率和研发水平。

（二）关于生产性服务业的研究

1. 生产性服务业的内涵

Machlup（1962）首次提出生产性服务的内涵，并且认为生产性服务仅负责在知识技术方面提供产出。Greenfield 等（1966）在此基础上进行了延伸，将各种经济组织或者政府向制造业企业提供的服务定义为生产性服务。从 Greenfield 的观点出发，Browning 等（1975）则将生产性服务定义为企业生产经营活动直接或间接提供的服务。Singelmann 等（1978）则从产品的角度出发，将生产性服务作为一种中间投入品，即其他行业在生产制造过程中将生产性服务作为一种中间投入的产品。从面对的对象而言，生产性服务主要面对的是生产运营的企业，而不是面向终端的个人消费（Kim et al，1982；李江帆等，2004）。如果要像有形商品一样对服务进行分类，那么生产性服务更似一种资本品性质的服务，而不是类似消费品的服务（程大中，2008）。

但要从服务业中精准地分析生产性服务业并非易事，这是由于生产性服务业具有中间投入和最终需求的特性。不同学者对生产性服务的范围界定并不相同。根据联合国产业分类的规则，Browning 等（1975）按照性质和功能将生产性服务业范围界定为金融业加企业管理。Breinlich 等（2011）利用中间需求率对生产性服务业范围进行界定，将中间需求率高于60%的服务行业划分为面向制造业的服务业，即生产性服务业；中间需求率低于40%的服务行业被定义为面向终端消费者的服务业；而中间需求率在40%～60%的行业则被定义为具备上述两种特征的混合型服务业。

国内外学者对生产性服务的定义虽然有所差异，但大多都认为是一种面向生产者的服务而不是面向消费者的服务。除了具有中间投入品属性外，生产性服务贸易化具有知识技术密集、创新性、规模报酬递增、可贸易性等特征。

2. 生产性服务投入对企业出口的影响

生产性服务投入对出口贸易的影响也体现在促进制造业企业出口方面：制造业企业在进行对外贸易活动时，需要大量的服务投入，为生产更加具有竞争力的产品，需要大量专利、技术等知识产权方面的服务投入，以优化自身制造能力；而对国外市场信息的掌握和了解、营销和销售活动的开展需要大量的通信、计算机和信息服务的投入；同时企业进行出口投入巨大的沉没成本也离不开金融服务行业的支持（孙浦阳等，2018）。由此可以看出，生产性服务在企业生产制造和出口活动中扮演着重要的角色。

在服务业开放的大背景下，制造业企业可以获取更加高质量的服务投入，如建筑、通信、金融保险、计算机与信息服务，以及物流零售服务等生产性服务贸易的进口对拉动制造业企业产品出口有较为明显的促进作用，其中专有权与特许权使用费对技术密集型企业产品出口的影响更加显著（栗乐，2020）。这样说明了制造业企业通过利用技术交易、专利培育等知识产权方面的服务投入，提升了产品在海外市场中的竞争优势，增加了企业出口。生产性服务贸易作为中间品投入的企业内部生产过程中的比重越高，出口表现往往越好，这是由于生产性服务投入使制造业企业的生产率水平得以提高，降低了企业产品进入国际市场的额外成本（Lodefalk，2014）。

（三）服务贸易竞争力评价指标的研究

现有文献关于服务贸易竞争力评价指标常用的指标集中在以下三点：一是贸易竞争力指数（Trade Competitiveness，TC），二是国际市场占有率（International Market Share，IMS），三是显示性比较优势指数（Revealed Comparative Advantage Index，RCA）。

Balassa（1965）从李嘉图比较优势理论的角度出发，首次提出了利用显示性比较优势指数来衡量一个国家商品或服务出口的比较优势。之后，

Balassa（1977）认为显示性比较优势指数可以作为一国出口商品或服务在国际市场中的竞争力评价指标。Hoekman 等（1992）利用显示性比较优势指数作为衡量服务贸易国际竞争力的评价指标，对不同收入水平国家进行研究，发现一国收入水平和该国服务贸易国际竞争力呈正相关关系。Seyoum（2007）对发展中国家服务行业进行显示性比较优势的测算，研究结果表明发展中国家在运输和旅游服务方面具有很强的比较优势，但金融和商业服务仍有较大的改善空间。Hufbauer（2008）利用显示性比较优势指数测算了印度的整体服务贸易竞争力和分不同行业的服务贸易竞争力，整体上来看印度的服务贸易在国际市场中具有一定的竞争优势，但细分到行业领域，印度的运输与旅游业在国际市场中不具备竞争优势。Kim 等（2012）利用显示性比较优势指数对韩国的服务贸易竞争力进行了行业测度，采用国别对比方式，将中国与韩国分部门服务贸易发展进行比较分析，认为中韩两国服务贸易具有互补性，若要实现两国服务贸易竞争力的提升，需要进一步实现中韩之间服务贸易产业的联系与贸易便利化的推动。

随着贸易竞争力理论的完善，很多学者在对一国贸易竞争力进行评价时会采用多种测量指标。Cui（2011）利用贸易竞争力指数和显示性比较优势指数测算了中韩两国服务贸易竞争力的情况，对比发现韩国的部分服务行业具有较强的竞争力。王丽荣（2016）通过构建国际市场占有率、显示性比较优势指数和贸易竞争力指数深入剖析了中国、新加坡、美国以及日本的金融行业服务贸易竞争力，发现中国的金融行业是四国中服务贸易竞争力最弱的国家。王丽等（2016）利用显示性比较优势指数和贸易竞争力指数测算了中国与世界上主要服务贸易大国的服务贸易竞争力，分析了中国服务业开放的问题。

（四）出口绩效的国内外研究

企业为追求利润最大化的目标会选择出口国际化战略，即通过将生产的产品或服务出口到国外市场来实现自身的经济管理目标。在此过程中企业获得的经营管理收益、在国际市场中的竞争优势等都属于企业的出口绩效（Richard，2009）。而出口绩效又是一个研究广泛且极富争议的领域，这是由于对定义企业出口绩效的概念、测算和衡量出口绩效的方法不同，使研究结果往往也并不一致。目前对企业出口绩效的研究可分为两支，一支是对企业出口绩效的衡量方法研究，另一支是对影响企业出口绩效主要因素的探究与相关机制检验。

1. 出口绩效的测度方法

Zou 等（1998）在对出口绩效进行研究时，制定了 EXPERF 量表，利用涵盖金融出口业绩、战略出口业绩和出口创业满意度出口绩效三个方面的指标作为衡量出口绩效的指标，并通过对美国和日本出口商高管的调查结果来侧面印证了衡量出口绩效的三维量表的可行性。

目前，企业出口绩效测算方法主要从四个角度来进行：第一种是从财务角度出发，采用企业出口销售额、出口利润、出口强度和出口收益等财务绩效的指标来衡量企业出口绩效（Cooper et al，1985），此种测度方法的优点在于财务指标较为容易获取，测算方法极为简单，因此在大部分研究中多作为企业出口绩效的代理变量；第二种是从企业战略的角度出发，Zou（1998）更加关注企业的出口竞争力、投资回报率、战略目标和国际地位；第三种是从市场战略的角度出发，将企业产品在海外市场的占有率、市场所占份额作为衡量企业出口绩效的指标；第四种是从客户的角度出发，用客户的满意度、忠诚度和回头率作为衡量企业出口绩效的代理变量（Kamble et al，2020），但此种衡量方法难度最大，原因在于难以获取衡量指标，并且主观因素会干扰测量指标的客观性。

2. 企业出口绩效的影响因素

目前，对企业出口绩效的影响因素主要划分为企业因素和外部市场环境因素。从企业因素方面看，白东北（2019）从企业劳动成本的视角研究产业聚集对企业出口的影响发现，产业聚集显著促进企业出口二元边际，并通过劳动力蓄水池效应抵消了劳动力成本攀升对企业出口的负面影响。马妍妍等（2019）利用 2010—2017 年 A 股上市公司的数据，研究得出上市公司长期金融化投资抑制了企业出口的集约边际，而短期金融化投资会提升企业出口扩展边际。孙天阳等（2020）基于联合专利申请数据构建1999—2007 年中国企业的协同创新网络，并分析发现实施协同创新的企业拥有更好的企业出口绩效。杨珍增等（2021）利用世界银行 2012 年中国企业调查数据发现，合作研发可以明显促进企业出口规模和出口选择，尤其是大学和科研机构的合作研发对企业出口的促进作用最强。

从外部市场环境来看，对外开放是提升企业出口绩效的重要因素之一。周霄雪（2017）利用 2000—2006 年中国工业企业数据，研究发现服务业外资自由化能明显促进我国制造业企业的出口，特别是交通运输业、电信业的外资开放对制造业出口的促进作用特别显著。维持汇率的稳定对于企业营业收支来说可以降低很多不确定的影响，可以进一步降低不利的出口贸易冲击（戴翔等，2011），金融领域的发展和外商直接投资的增加也促进了中国制造业企业出口二元边际扩张（孟夏等，2012）。对于企业而言，如何接触国外客户，打开国际市场是企业出口的关键一步，而电子商务平台建立了企业低成本接触国外客户的渠道，可以显著提高企业进入出口市场的概率，促进企业出口规模的扩大（岳云嵩等，2018）。

通过对以往文献的梳理发现，国内外现有文献在生产性服务贸易领域的研究主要从企业层面展开，对企业生产效率和对企业出口影响方面的研究较为丰富，相应的研究也表明：随着服务要素在制造业企业生产中的嵌入以及扮演的角色愈发重要，生产性服务对企业生产活动中相应财务指标的影响呈现出显著的正效应，对于促进制造业降低生产交易成本和深化分工都起着重要的作用。在服务贸易竞争力评价指标方面，主要是显示性比较优势指数（RCA 指数）、国际市场占有率（IMS 指数）以及贸易竞争力

指数（TC 指数）的研究较为丰富，特别是 Balassa（1965）提出的显示性
比较优势指数，能全面评价一个国家出口商品或服务在国际市场中的竞争
力，该指数受到了相关学者的推崇，在国内外众多研究贸易竞争力的相关
文献中被使用频率也相对较高。

目前对于生产性服务的外延行业分类并没有一个统一的界定。因此本
书从数据可获得性的角度出发，对生产性服务行业包括知识产权使用费、
金融保险、融资租赁、建筑设计、通信、计算机和信息服务以及其他商业
服务进行研究。本书在现有基础上进行了新的拓展和延伸。针对现有的研
究作出以下两个方面的补充：一是从服务贸易竞争力的角度出发，探究中
国服务业发展水平对我国制造业企业出口绩效的影响；二是聚焦我国生产
性服务行业层面，深入探讨生产性服务贸易竞争力对我国制造业企业出口
的影响机制。

第三节　中国服务贸易现状与服务贸易竞争力测算

一、中国服务贸易发展状况

（一）服务贸易总体情况

世界服务贸易在过去十年里一直保持增长。即使在新冠疫情冲击之
下，也依然显示出很强的韧性。从 2011 年开始，世界服务贸易的增长速度
就一直高于货物贸易。根据世界贸易组织公布的《2019 年世界贸易报告》
中的数据。2005—2017 年，世界服务贸易额的年平均增长率为 5.4%，同
一时间段货物贸易的增长率则为 4.6%。世界贸易组织预计，到 2040 年，
世界服务贸易占世界贸易的比重将达到三分之一。

在世界服务贸易快速发展的大背景下，我国的服务贸易也呈现出良好
的发展势头。自改革开放以来，特别是加入世界贸易组织以后，中国服务

业对外贸易的发展愈加迅猛，进出口额呈逐年上升的趋势。根据 UNCTAD
数据库（BPM6）统计口径，我国服务贸易出口额从 2005 年的 784.7 亿美
元增长至 2020 年的 2806.3 亿美元，增长近 2.5 倍；进口额从 2005 年的
839.7 亿美元增长至 2020 年的 3810.9 亿美元，增长约 3.5 倍。

由图 3 - 2 可以看出，我国虽然服务贸易进出口总额不断增加，但是服
务贸易整体发展并不均衡，自 2009 年以后服务贸易逆差开始激增，到
2018 年顶峰时大约有 2500 亿美元的服务贸易逆差额。这是由于我国服务
贸易起步和发展较晚，特别是高端服务业，因此随着国内市场对服务需求
的激增，导致对进口服务贸易的需求增加。同时也应该注意到，随着国内
服务业的快速发展，我国 2018 年以后服务贸易逆差开始下降。

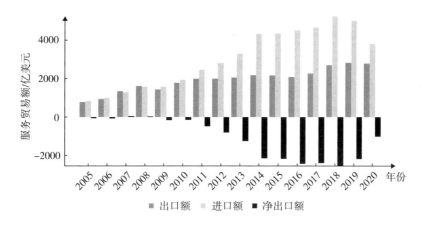

图 3 - 2　中国服务贸易进出口额

由图 3 - 3 可以看出，2008 年为世界服务贸易发展的分水岭，特别是
对市场规模较大的国家而言。美国和英国在服务贸易方面的优势在 2008 年
之后进一步拉大，两国服务贸易顺差开始逐年上升。特别是美国，服务贸
易顺差在 2018 年达到顶峰，高达 2977 亿美元，呈现出刚好和中国相反的
发展趋势。这也从侧面印证了，自 2008 年金融危机之后，各国对国内产业
调整开始出现差异。英国和美国从传统的货物贸易大国开始逐步向服务贸
易大国迈进，服务产业的竞争优势得到加强，进一步拉开了与世界其他国

家的差距。而印度的服务贸易长期处于贸易顺差的境地，且逐年稳步上升。作为东亚制造中心的中国、日本、韩国三个国家，一方面受国内产业政策的影响，侧重于制造业的发展，近些年来又受制造业服务化、数字化趋势的影响，使国内服务贸易存在供需失衡的现象，因此亟须中高端服务要素的进口；另一方面，国内服务产业发展有限，也使外国服务在本国生产和消费中占比较高——特别是针对发展中国家而言，而发达国家的服务业发展较为成熟，能够满足国内市场的需求（Diaz - Mora，2018；赵若锦等，2023），因此服务贸易长期处于逆差境地。

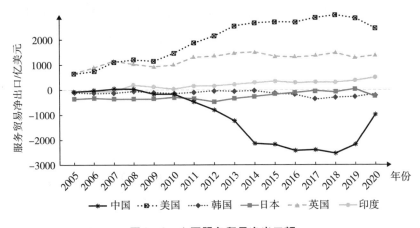

图 3 - 3　六国服务贸易净出口额

（二）生产性服务贸易发展现状

就生产性服务贸易而言，我国的生产性服务贸易发展虽然起步较晚，但发展速度较快，增长速度已经超过服务业总体的产出水平，并且在服务业中的占比稳步上升。也正是由于起步较晚，目前生产性服务业对我国国民经济增长的贡献有限，同时发展水平也远低于美英两国，甚至中国生产性服务贸易净出口额远低于同为新兴经济体的印度。如图 3 - 4 所示，美国生产性服务贸易净出口额 2005—2020 年遥遥领先，2020 年攀升至 2576.95亿美元，英国、印度紧随其后，日本、韩国 2005—2009 年生产性服务贸易净出口额一直处于低位，中国在 2009 年之后逐渐赶超日韩，生产性服务贸易净出口总额从 2005 年 -65.2 亿美元攀升至 2020 年的 319.5 亿美元。

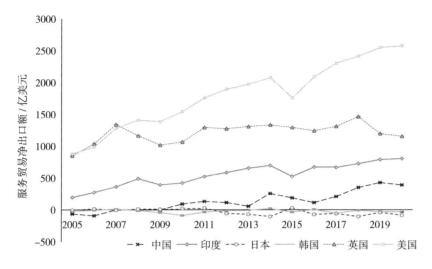

图3-4 六国生产性服务贸易净出口额

如表 3-1 所示，从贸易结构来看，各国的生产性服务贸易进出口总额在全球服务贸易进出口总额中的比重都在逐年上升，截至 2020 年，除中国外，其他五国的占比均超过了 50%，英国和日本的比重甚至已经高达 70% 以上。生产性服务贸易逐渐成为各主要经济体服务贸易的关键构成，也成为对外贸易发展中新的增长点。而中国在 2005 年时，生产性服务贸易进出口总额仅占全球服务贸易进出口总额的 27.7%，直到 2020 年比重才达到 45.9%，未来仍有较大的发展空间。

表3-1 六国生产性服务贸易进出口总额占总服务贸易进出口总额比重

单位:%

年份	中国	美国	韩国	日本	英国	印度
2005	27.7	41.1	33.1	41.9	52.6	47.8
2010	37.6	45.8	37.7	49.1	58.5	52.1
2015	29.0	48.7	42.2	58.7	59.0	55.4
2020	45.9	63.7	52.6	71.9	74.3	64.0

资料来源：作者计算整理。

二、中国生产性服务贸易竞争力的国际比较

根据以往文献对贸易竞争力的评价指标，本书选取贸易竞争优势指数
(Trade Competitiveness，*TC*)、国际市场占有率（International Market Share，
IMS）和显示性比较优势指数（Revealed Comparative Advantage Index，*RCA*)
三种评价指标对中国的生产性服务贸易竞争力进行测算，并与世界主要经济体
进行对比，更加全面客观地把握中国生产性服务行业在国际市场中的竞争力。

（一）贸易竞争优势指数

贸易竞争优势指数的构建是以一国某一特定产业的进出口份额和进出
口总额的比重来衡量一国的贸易竞争优势，理论上该指数的取值范围是
[−1，1]，现实中由于一国不可能只进行出口贸易或者只进行进口贸易，
所以一般的取值范围为（−1，1）。贸易竞争优势指数计算公式如下：

$$TC_{tik} = \frac{export_{tik} - import_{tik}}{export_{tik} + import_{tik}} \tag{3.1}$$

其中，$export_{tik}$ 为 t 年 i 国 k 行业的出口额，$import_{tik}$ 为 t 年 i 国 k 行业的进
口额。如果 $TC_{tik} > 0$，表示 i 国在 k 行业具有竞争优势，TC_{tik} 越趋近于1，表

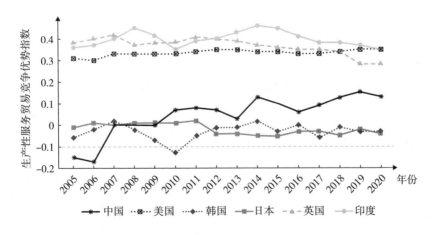

图 3−5　六国生产性服务贸易 TC 指数

明 i 国 k 行业的竞争优势越大；若 $TC_{tik} < 0$，表示 i 国在 k 行业不具有竞争优势，TC_{tik} 越趋近于 -1，表明 i 国 k 行业越不具备竞争优势。当 $TC_{tik} = 0$ 时，i 国 k 行业的进出口额相等，k 行业的竞争力与国际水平相当。

由图 3 - 5 可知，中国生产性服务贸易竞争优势指数从 2006 年开始逐年上升，2009 年以后 $TC > 0$，表明中国的生产性服务行业在国际市场开始具有竞争优势，并且随着行业的发展逐渐增强。美国和英国的生产性服务贸易竞争优势较大，值得注意的是印度在生产性服务行业具备很强的优势，一度超过英美成为国际市场中最具竞争优势的国家。而日本和韩国的生产性服务贸易竞争优势指数一直在 0 以下范围波动，没有较大的竞争优势。

我国从生产性服务细分行业来看，总体上均呈现逐年上升的趋势（如图 3 - 6 所示）。具体而言，建筑服务行业与通信、计算机和信息服务行业的贸易竞争优势指数大于 0 却并未超过 0.5，但在国际市场一直处于优势地位，不过优势程度相对较小；金融服务行业前期一直处于劣势地位，从 2016 年开始才逐渐为正，且波动较大，2017 年以后又呈现下降趋势，表明该行业竞争优势不足；知识产权使用费的竞争优势指数一直小于 0，表明在国际市场竞争中一直处于不利的地位，2016 年以后这种不利的地位开始有所缓解。

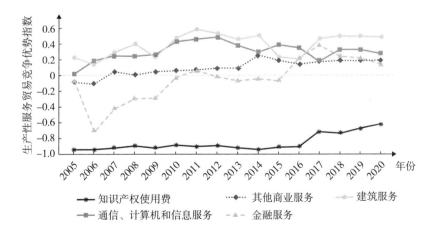

图 3 - 6　中国生产性服务细分行业 TC 指数

（二）国际市场占有率

在自由开放的国际市场中，某一行业在国际市场上具有竞争力的最根本表现为较高的市场占有率。国际市场占有率计算公式如下：

$$IMS_{tik} = \frac{export_{tik}}{export_{tk}} \tag{3.2}$$

其中，$export_{tik}$ 为 t 年 i 国 k 行业的出口额，$export_{tk}$ 为 t 年世界 k 行业的总出口额。IMS_{tik} 越大，表明 t 年 i 国在 k 行业在世界市场中份额越高，i 国 k 行业越具有竞争优势；IMS_{tik} 越小，表明 t 年 i 国在 k 行业在世界市场中份额越小，i 国 k 行业的竞争优势越小。$IMS_{tik} = 0$，则表明 t 年 i 国 k 行业的出口为 0，i 国 k 行业不具备竞争优势。

由图 3 – 7 可以看出 2005—2020 年六国生产性服务贸易国际市场占有率的变化情况。我国生产性服务贸易国际市场占有率总体上呈一个波动上升的趋势，但 2010—2017 年处于一个近乎持平的状态，没有较为明显的波动，表明此时中国的生产性服务贸易出口进入瓶颈期，出口的增长动力不足；随着高知识和高技术密集服务行业的发展，从 2018 年开始，生产性服务行业的国际市场占有率开始明显增加，表明中国的生产服务行业，打破了出口增长的瓶颈，但依旧远远低于美国和英国。美国的生产性服务贸易

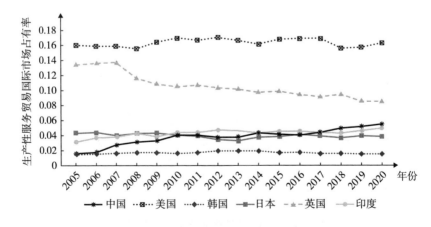

图 3 – 7　六国生产性服务贸易 IMS 指数

国际市场占有率稳居世界第一，市场占有率常年高于 16%，表明美国在生产性服务贸易的出口规模巨大，国内生产性服务行业高度发达。英国在国际市场的占有率总体呈逐年下降的趋势，表明英国生产性服务行业在国际市场中优势开始弱化，生产性服务行业的产业发展速度下降。而日本、韩国的生产性服务贸易国际市场占有率较为稳定，韩国常年稳居于 2% 的市场份额，日本则是在 4% 的水平线上下波动，表明两国在生产性服务行业没有较大的突破，出口增长缺乏动力。

我国从细分行业来看，国内生产性服务贸易结构发展严重失衡（如图 3–8 所示）。建筑服务国际市场占有率遥遥领先，通信、计算机和信息服务与其他商业服务的国际市场占比逐年稳步上升，金融服务和知识产权使用费国际市场占有率过低。

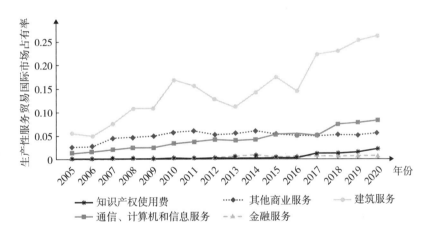

图 3–8　中国生产性服务细分行业 IMS 指数

具体而言，中国建筑服务在 2005—2020 年得到迅速发展，国际市场占有率增长最快，从 2005 年的 5.5% 一跃提高到了 2020 年的 26.2%，远超英美等发达国家，是中国生产性服务行业中最具备国际竞争优势的行业；金融服务和知识产权使用费服务的国际市场占有率较低，金融服务贸易出口额的国际占有率常年不足 1%；知识产权使用费在 2017 年开始才逐渐达到 1% 的国际市场份额，不具备竞争优势。

（三）显示性比较优势指数

显示性比较优势指数是目前衡量一国某一行业最具说服力的评价指标，在剔除了出口总量动态波动影响的基础上，可以定量描述一国某一特定行业相对的出口状态表现，反映一国在国际竞争中某一行业的优势地位。该指数由美国经济学家 Balassa 在 1965 年提出，指的是一国某一行业在本国的总出口占比与某一行业世界总出口的比值，具体的计算公式如下：

$$RCA_{tik} = \frac{export_{tik}/\ export_{ti}}{export_{tk}/\ export_{t}} \tag{3.3}$$

其中，$export_{tik}$ 是 t 年 i 国 k 行业的出口额，$export_{ti}$ 是 t 年 i 国服务贸易总出口额；$export_{tk}$ 是 t 年世界 k 行业的出口额，$export_{t}$ 是 t 年世界服务贸易总出口额。与前文提到的两个指标一样，显示性比较优势指数也为极大型评价指标，RCA_{tik} 数值越大，表明 t 年 i 国 k 行业在国际市场中的竞争优势越大。具体而言，若 $RCA_{tik} > 2.5$，则表明 t 年 i 国 k 行业具有极强的竞争力；如果 $2.5 \geqslant RCA_{tik} \geqslant 1.25$，则表明 t 年 i 国 k 行业具有较强的国际竞争力；如果 $1.25 \geqslant RCA_{tik} \geqslant 0.8$，则表明 t 年 i 国 k 行业具有中等或中等以上/以下的国际竞争力，如果 $RCA_{tik} < 0.8$，则表明 t 年 i 国 k 行业国际产业竞争力较弱。

由图 3 - 9 可以看出，从整个生产性服务贸易整体而言，印度是六国中显示性比较优势指数最大的国家，处于具有较强竞争力的范围，但整体呈下降的趋势。中国的生产性服务贸易显示性比较优势指数在 2008 年之后进入了快速发展的阶段，处于中等竞争优势的水平，并且不断扩大自身的优势。值得注意的是，六国中也仅有美国与日本的生产性服务贸易受到疫情冲击的影响较小，显示性比较优势指数处于一个逆势上扬的趋势，且指数的波动范围较小，常年维持中等竞争优势的水平，这也表明两国的生产性服务行业具备较强的发展韧性。而其余四国的显示性比较优势指数都有不同程度的下降。

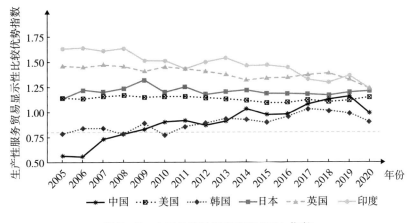

图 3 - 9　六国生产性服务贸易 RCA 指数

1. 建筑服务行业

从细分行业层面来看，六国在建筑服务行业竞争优势的差距较大，如图 3 - 10 所示。中日韩三国的建筑服务行业具有极强的贸易竞争力，显示性比较优势指数常年稳居 2.5 以上。特别是韩国建筑业在住宅楼宇、商业建筑和运输物流设施等领域有很强的竞争优势，这主要得益于韩国曾获得过大量美国军事设施修建项目，承建了大量港口、机场、道路、兵营以及

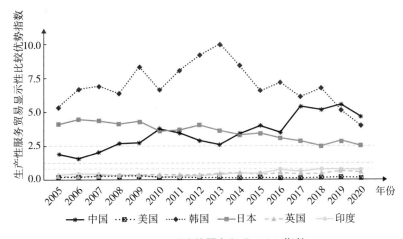

图 3 - 10　六国建筑服务行业 RCA 指数

防御工程。依靠这些工程，韩国建筑企业获得了先进的施工技术和管理知识，同时还引进了重型机械和设备，为转战海外奠定了基础，石油危机以后又承接了大量中东地区的基础设施建设，逐渐打开了海外市场。而美国的建筑服务行业竞争低是由于国家战略的实施，大量的建筑业务外包给韩国所导致。

中国建筑服务行业的发展迅速，得益于以下两点：首先从国内市场来看，一方面是我国有充裕的劳动力资源，同时随着经济的腾飞，对住房、厂房等建筑设施的需求也与日俱增；另一方面是对基础设施建设大量投资，特别是 2008 年以后，修建大量的桥梁、铁路、公路，使建筑行业面临一个较大的国内市场，给了建筑领域企业成长的空间，也提升了建筑行业的国际竞争优势。其次在国际市场中，中国建筑行业承接了大量的国际建筑项目工程，特别是在急需发展的非洲、中东等地区，而中国与非洲地区的战略伙伴关系也使中国建筑服务行业在竞争中具有一定的比较优势，提高了建筑服务的海外出口额。

2. 金融服务行业

由图 3 – 11 可以看出，对于金融服务行业，英国和美国作为传统服务

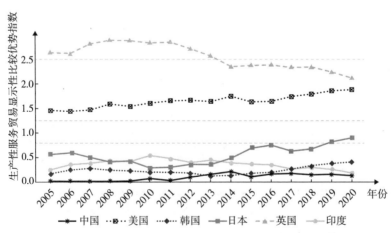

图 3 – 11　六国金融服务行业 RCA 指数

贸易大国，金融服务业高度发达，两国金融服务贸易的显示性比较优势指数远高于其他国家。中国在金融服务贸易领域的显示性比较优势常年处于［0.02—0.22］之间，远低于0.8，在国际市场中国际竞争力弱。

目前，我国仍未出现能实现国际化经营的跨国金融企业。中国目前的商业银行、投资银行、保险公司、证券公司和其他金融机构，海外市场营收占比公司总营收均未能超过30%。与真正的跨国金融企业相比，仍有较大差距。印度金融服务贸易的竞争优势来自印度银行业的开放程度相对较大，开放时间相对较早。早在20世纪90年代，印度政府就逐渐放宽了对金融业的管制，放宽了对私营资本和外国资本的准入限制，不再采取政府垄断的经营形式，使金融业逐渐市场化，加快了印度金融业的发展（陈龙江等，2018）。垄断现象仍然是我国金融市场目前存在的较为严重的问题，特别是银行体系的垄断行为，导致了竞争不充分，企业融资成本较高，大量的中小型企业并未能真正获得市场化行为的资金支持，使整个市场中资金出现错位配置的问题，这也在一定程度上制约了企业规模的扩张。

3. 通信、计算机和信息服务行业

中国的通信、计算机和信息服务的竞争力一直在提升，显示性比较优势指数从2005年的0.45上升至2020年的1.5，从竞争力较弱的水平提升至竞争力较强的水平。这与国内计算机与通信技术的发展分不开关系，国内4G、5G与人工智能等技术在生产生活中大规模的应用，也促进了中国通信、计算机与信息服务行业的发展。正是以华为、中兴为代表的中国电信设备制造商在国际市场的崛起，打破了外国企业在电信领域的垄断，使中国相关产业的国际竞争优势日益增强。印度在通信服务外包方面有着较大的优势，加以时差和语言的先天优势，承接了大量美国在客服、医疗诊断等方面的服务；在计算机产业方面，印度将其作为国家长远战略，目前已经建成多个计算机软件产业园区，在国际市场中具有较强的竞争优势。值得注意的是，目前在美国硅谷的众多高科技企业中，有大量印度裔的科

学家和工程师，这与印度国内对相关产业的人才教育密切相关（文富德，
2010）。

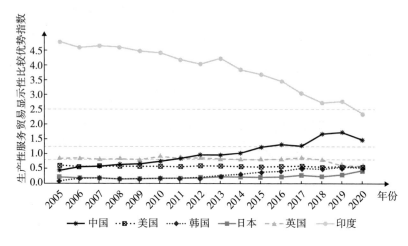

图 3-12　六国通信、计算机和信息服务行业 RCA 指数

4. 知识产权使用费

与金融服务一样，中国在知识产权方面的竞争优势较弱，对外贸易体
量较小。根据国家外汇管理局的数据，2021 年我国国际收支口径的知识
产权使用费服务贸易收入 760 亿元，支出 3023 亿元，逆差 2263 亿元。
由图 3-13 可以看出，美国和日本在知识产权使用费方面具有较强的竞争
优势，尤其是日本，显示性比较优势指数常年稳居 2.5 以上，具有极强的
国际竞争优势。

根据联合国《国际服务贸易统计手册》的规定，知识产权使用费主要
包括专利、商标权、版权，以及商业秘密的工业流程和设计等权利。较弱
的竞争优势表明，中国目前在基础研发、科技创新领域与其他科技强国比
仍有较大的差距。中国目前尽管很多科技领域有所突破，但核心技术受制
于人的局面仍未得到实质性改变。目前全球产业体系分工明确，各国均可
以依靠自身的比较优势占据重要生产环节，但若不能在核心技术、关键技
术实现突破，极容易陷入比较优势的陷阱，无法向产业链、价值链上游移

动。因此，中国仍需要加大科技研发的投入和高端科技研发人员的培养，进一步提高科学技术向市场产品的转化，降低对外技术的依存度。

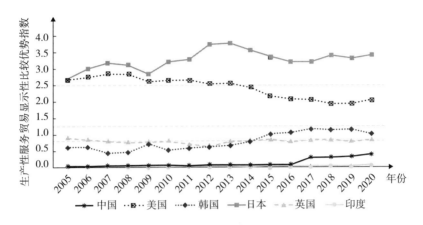

图 3 – 13　六国知识产权使用费 RCA 指数

第四节　理论模型

一、服务任务模型

综合上述有关生产性服务贸易理论与测算数据，本书参考 Grossman 等（2008）的任务贸易模型，建立一套制造业企业的服务采购模型，讨论一国生产性服务贸易竞争力对制造业企业出口的影响。对于一家制造业企业，假定其产品的生产仅需要制造 M 和服务 F 两种任务便可完成最终产品 X 的生产，则企业的生产函数可表示为柯布—道格拉斯（Cobb – Douglas）形式：

$$Y = AM^{\alpha}F^{1-\alpha} \tag{3.4}$$

其中 A 为企业的技术水平；制造任务 M 和服务任务 F 只是将企业整体生产过程笼统地分为两个部分，在企业实际生产过程中，制造任务 M 和服务任务 F 是由一系列各自的子任务集构成。

根据 Grossman 等（2008）的观点，假设企业生产技术不允许任务因素或任务之间的替代，那么每个任务都必须以一个固定的强度执行，以产生一个单位的输出。也就是说，制造任务 M 和服务任务 F 必须精确地执行 1 次，以产生 1 单位产品 X。所以对于服务任务 F 而言，有 $i \in [1,n]$ 个子任务都需要被执行 1 次，才能完成最终 1 单位产品 X 的生产。

对于制造业企业面临的服务任务采购市场是由国内服务型企业和国外服务型企业的提供构成；同时也应该注意到相对于本国服务型企业，国外发达国家的服务型企业具有更高的生产效率和更好的质量（张艳等，2013）。因此对于一家制造业企业而言，会根据单位服务任务投入成本最小化原则，选择将生产过程中部分或全部服务任务交由国外高效率、高质量服务型企业来完成。

同时为了更好刻画国内外服务型企业存在的差异，假定国内服务型企业的单位劳动生产率为 1，国外服务型企业的单位劳动生产率为 δ（由于国外服务型企业生产效率较高，因此 $\delta > 1$）。当制造业企业选择从国外采购生产所需的服务任务投入时面临的成本由两部分构成：一部分是根据国内服务型企业所提供的服务任务质量和效率而带来的选择成本；另一部分是由于服务贸易壁垒或限制的存在，带来的交易成本。在 Grossman 等（2008）设定的基础上，得到制造业企业向国外服务型企业采购的总成本为：$\beta F(i)/\lambda$，其中 λ 为服务贸易竞争力指数，β 为服务贸易成本，$F(i)$ 为制造业企业生产过程中所需的服务任务集，并且根据子任务的复杂程度，进行了顺序排列，子任务越复杂越倾向于选择国外服务型企业来完成（即 i 越大，制造业企业越倾向选择国外服务型企业），因此 $F'(i) < 0$。假定两国的服务企业单位劳动工资水平设定为 1。根据以上假设，可以得出制造业企业向国内服务型企业进行服务采购的单位采购成本：

$$\varphi_d = 1 \tag{3.5}$$

以及制造业企业向国外服务型企业进行服务采购的单位采购成本：

$$\varphi_f = \frac{\beta F(i)}{\lambda \delta} \tag{3.6}$$

因此对于制造业企业而言，在生产成本最小化的原则下，会选择服务任务总成本最小的投入进行生产，当 $\varphi_d < \varphi_f$ 时，制造业企业会选择由国内服务型企业来提供生产过程中所必须的服务任务，否则，会选择国外服务型企业来提供服务。

对于 $F(i)$，当 $i=1$ 时，由于贸易壁垒、交易成本等原因的存在，同时国内服务企业的生产率和生产质量和国外服务企业相差不大，因此制造企业往往会选择由国内服务企业来完成，此时有：

$$\frac{\beta F(1)}{\lambda \delta} > 1 \tag{3.7}$$

而当 $i=n$ 时，由于服务任务过于复杂，国内服务型企业的生产率和生产质量都不如国外服务型企业，因此制造业企业将会选择由国外服务型企业来提供生产过程中所需的服务任务，此时制造业企业所面临的采购成本关系为：

$$\frac{\beta F(n)}{\lambda \delta} < 1 \tag{3.8}$$

由于 $\beta F(i)/\lambda$ 是减函数，因此必然存在一个 $I \in [1,n]$ 使：

$$\frac{\beta F(I)}{\lambda \delta} = 1 \tag{3.9}$$

此时意味着对于第 I 个子任务，制造业企业不管是向国内服务型企业采购，还是向国外服务型企业采购，所面临的采购成本是一样的。所以对于制造业企业而言：根据生产成本最小化的原则，最优的采购策略应为：当 $i \in [1,I)$ 的服务子任务由国内服务型企业提供，$i \in (I,n]$ 的服务子任务向国外服务型企业采购；至于 $i=I$ 的子任务，制造业企业可以根据自身与服务供应企业的合作关系自由选择。

根据前文的设定，对于制造业企业而言，当生产过程中所需的所有服务子任务都被执行 1 次，即完成 1 单位最终产品 X 的生产所需要的服务投入总成本为：

$$\psi = \int_{I}^{I} \varphi_d di + \int_{I}^{n} \varphi_f di = \int_{I}^{I} 1 di + \int_{I}^{n} \frac{\beta F(i)}{\lambda \delta} di = I - 1 + \frac{\beta}{\lambda \delta} \int_{I}^{n} F(i) di$$

$$(3.10)$$

将式（3.9）代入上式得：

$$\psi = I - 1 + \int_{I}^{n} \frac{F(i)}{F(I)} di \qquad (3.11)$$

同时由于 $F(i)$ 为减函数，因此有：

$$F(I) > F(i), i \in [I, 1] \qquad (3.12)$$

所以对于制造业企业生产 1 单位产品 X 投入的服务任务总成本为：

$$\psi = I - 1 + \int_{I}^{n} \frac{F(i)}{F(I)} di < I - 1 + \int_{I}^{n} 1 di = n - 1 \qquad (3.13)$$

由式（3.14）可以看出，制造业企业选择向国外服务型企业采购部分生产所需服务任务的行为可以降低在服务任务上的总投入。

由于服务贸易竞争力会影响制造企业的国外采购行为，所以 I 是 λ 的函数，将 ψ 关于 λ 求偏导，并将式（3.9）代入得到：

$$\frac{\partial \psi}{\partial \lambda} = \frac{\partial I}{\partial \lambda} - \frac{\beta}{\lambda^2 \delta} \int_{I}^{n} F(i) di - \frac{\beta}{\lambda \delta} F(I) \frac{\partial I}{\partial \lambda} = -\frac{\beta}{\lambda^2 \delta} \int_{I}^{n} F(i) di < 0$$

$$(3.14)$$

由此可以看出，生产性服务贸易竞争力与制造业企业向海外服务型企业采购服务任务投入的成本呈负相关关系。当生产性服务贸易竞争力较大时，表明此时国内服务型企业的生产效率和质量具有较强的竞争力，制造业企业在进行采购时面临的服务市场竞争激烈，有较为主动的议价地位，使最终的服务任务总投入降低。当本国生产性服务贸易竞争力较弱时，国外服务型企业在国际服务市场上处于强势地位，制造业企业采购时的议价能力被削弱，使生产所需服务任务的总投入变大。

假定制造企业固定生产成本为 f，根据成本最小化原则可得：

$$C = \left(f + \frac{Y}{A}\right)\omega^{\alpha}\psi^{1-\alpha}\left[\left(\frac{1-\alpha}{\alpha}\right)^{\alpha-1} + \left(\frac{1-\alpha}{\alpha}\right)^{\alpha}\right] \tag{3.15}$$

二、消费者行为

假定出口目的国家的消费者效用函数为 CES 效用函数，其数学函数形式为：

$$u(x_1, x_2) = \left[\theta x_1^{\rho} + (1-\theta)x_2^{\rho}\right]^{\frac{1}{\rho}} \tag{3.16}$$

其中，ρ 表示两种商品间的替代弹性，x_1 表示出口目的国家的本土企业生产的该类型产品，x_2 表示出口目的国家进口的该类型产品。当消费者效用最大化时，对国外该类型产品的需求为：

$$x_2 = \frac{w}{P_X\left[1 + \left(\dfrac{\theta}{1-\theta}\right)^{\frac{1}{1-\rho}}\left(\dfrac{P_X}{P_D}\right)^{\frac{\rho}{1-\rho}}\right]} \tag{3.17}$$

由式（3.17）可得，在消费者效用最大化的条件下，消费者对产品 X 的需求由消费者的总消费支出 w、产品 X 的价格 P_X 和出口目的国家国内该类商品的价格 P_D 共同决定的，产品 P_X 的价格越低，出口目的国家的消费者对该产品的需求越大。

三、企业的出口额

假定制造业企业处于一个完全竞争的市场，企业产品的价格等于企业生产的边际成本（$P_X = MC$），即：

$$P_X = \frac{1}{A}\omega^{\alpha}\psi^{1-\alpha}\left[\left(\frac{1-\alpha}{\alpha}\right)^{\alpha-1} + \left(\frac{1-\alpha}{\alpha}\right)^{\alpha}\right] \tag{3.18}$$

企业的出口额为：

$$\Omega = P_X x_2 = \cfrac{w}{\left[1 + \left(\cfrac{\theta}{1-\theta} \right)^{\frac{1}{1-\rho}} \left(\cfrac{\frac{1}{A} \omega^{\alpha} \psi^{1-\alpha} \left[\left(\frac{1-\alpha}{\alpha} \right)^{\alpha-1} + \left(\frac{1-\alpha}{\alpha} \right)^{\alpha} \right]}{P_D} \right)^{\frac{\rho}{1-\rho}} \right]}$$

$$(3.19)$$

由式（3.20）可知，企业出口额与其产品的价格有关，而价格与企业生产投入的服务以及劳动的价格有关。当企业服务任务的投入成本减少时，会降低企业产品的价格，间接影响企业的出口额。企业因本国生产性服务贸易竞争力的提高而降低的成本，不仅是绝对数量的降低（即因外国服务型企业为应对国内生产性服务企业竞争力的提高而采取的降价竞争策略而引起的制造业企业服务采购成本的降低），还包括相对的降低（即因更加优质的生产性服务投入带来企业生效效率的提高和产品竞争力的提高）。而企业的服务任务投入成本与生产性服务贸易竞争力成反比。因此可以推导出本国生产性服务贸易竞争力的提高可以促进制造业企业出口绩效提升的假说。

第五节　生产性服务贸易竞争力对企业出口绩效影响的实证分析

本节基于中国工业企业数据库和联合国 UNCTAD 数据库的数据，采用实证方法分析我国生产性服务贸易竞争力对制造业企业出口绩效的影响。回归分析使用两阶段最小二乘法（Two Stage Least Square，2SLS），回归结果表明生产性服务贸易竞争力促进了中国制造业企业的出口绩效提升。

一、指标构建与数据来源

（一）数据来源

对于本研究的核心解释变量——中国生产性服务贸易竞争力，采用目前衡量一国某一行业最具说服力的评价指标：显示性比较优势指数（RCA 指数）。该指标为极大型指标，即指数越大，表明中国生产性服务贸易的竞争力越强。生产性服务贸易竞争力的计算所使用数据来自联合国 UNCTAD 数据库。

对于核心被解释变量——企业出口绩效，本研究从两个维度测量企业的出口绩效，即出口规模和出口强度。出口规模使用企业出口交货值；出口强度为企业出口交货值与工业销售产值的比值，数值越大，表明企业在国际市场中的参与度越高。采用的中国制造业企业出口样本数据来自中国工业企业数据库[①]。样本选取的时间段为 2005—2013 年，2010 年的统计数据因存在严重的错误和缺失而饱受质疑，因此本研究选择将 2010 年的数据剔除（聂辉华等，2012；谭语嫣等，2017）。

对于其他变量，企业层面选取 6 个影响企业出口绩效的控制变量[②]，定义及计算方法如表 3-2 所示，同样来源于中国工业企业数据库中统计的指标。

表 3-2　控制变量的定义及计算方法

控制变量名	含义	计算公式
ln*labor_rate*	劳动生产率	ln（工业总产值/全部从业人员年平均数）
profit_rate	企业利润率	营业利润/工业销售产值
ln*asset*	企业规模	ln（资产总计）
fan_con	融资约束	利息支出/固定资产合计
ln*age*	经营时间	ln（当年 - 成立时间 +1）
ln*worker*	从业人数	ln（全部从业人员年平均数）

---

①　数据来源于国家统计局对中国年营业额 500 万以上的大中型制造企业的年度调查，统计指标包括行业门类、出口交货值、资产总计等指标。

②　控制变量的选取参考宋跃刚等（2020）、邵朝对等（2020）、陈雯等（2016）、余淼杰（2010）的研究。

（二）数据处理

由于中国工业企业数据库的数据是年度调查数据，每年所统计的企业样本可能会有所不同，因此本研究为得到从 2005—2013 年有连续经营数据的企业样本，对工业企业数据进行如下处理：第一，本研究借鉴邵朝对等（2020）的方法，使用企业组织机构代码①、企业名称、法人代表姓名等信息逐年匹配以识别出同一家企业，同时对于部分缺失信息的企业进行手动识别匹配，尽可能保留样本数据；第二，由于《国民经济行业分类与代码》自 1984 年发布以来，共计进行了 4 次修订，工业行业分类相应进行了调整，导致部分企业存在更改前后的行业代码不一致的问题，因此本研究选取的样本以 2011 年公司所处行业为标准，统一企业的国民经济行业分类代码；第三，本研究的研究目的是中国生产性服务贸易竞争力对企业出口状态的影响，而不是对企业出口动作的影响，需要筛选出在研究期间存在持续出口状态的企业，因此删除了出口交货值为零和缺失的样本；第四，本研究根据各类资本的占比情况，将其分为国有企业、民营企业、港澳台企业和外资企业，其中国有资本占比超过 50% 的划分为国有企业（港澳台企业和外资企业分类方法类似），将剩余的划分为私营企业；第五，本研究以组织机构代码作为企业唯一的身份识别标识，选取从 2005 年开始连续经营的企业。本研究最终得到一个从 2005—2013 年（除去 2010 年数据）持续经营的企业 8713 家，来组成的平衡面板数据。

本研究为了探究不同类型企业出口绩效对生产性服务贸易竞争力的敏感程度，对样本数据进行分类。同时考虑到不同类型的制造业企业对生产过程中服务任务的投入程度不同，因此将制造业企业划分为服务任务高投入行业企业和服务任务低投入行业企业。划分的标准是按照服务使用率

---

① 企业组织机构代码是对中国国内依法注册、依法登记的机关、企事业单位、社会团体，以及企业组织机构颁发的一个在全国范围内唯一的、始终不变的代码标识。

（服务中间投入与总产出之比），即服务使用率大于15%的行业为服务任务高投入行业[①]。

二、实证模型及结果分析

（一）模型构建

本研究采取以下方程来讨论服务贸易竞争力对制造业企业出口绩效的影响：

$$\ln export_{it} = \alpha + \beta_1 Service\_cp_t + \beta_2 Contral\_var_{it} + \tau_{ht} + \tau_i + \varepsilon_{it}$$

$$(3.20)$$

其中，$\ln export_{it}$ 是对 i 企业 t 年的出口量取对数以后的出口绩效，选取出口绩效与出口强度作为被解释变量；$Service\_cp_t$ 是中国 t 年的服务贸易竞争力指标，本研究采用本章第三节中的服务贸易竞争力指标之一的显性比较优势指数 $total\_RCA$；$Contral\_var_{it}$ 是对 i 企业 t 年企业层面的控制变量；τ_{ht} 是为了控制中国产业发展不平衡问题而加入的产业—时间虚拟变量；τ_i 为个体固定效应以控制企业层面不可观测且不随时间变化的一些特征；ε_{it} 表示残差项。

（二）实证分析

1. 基准回归结果

为避免内生性问题，本研究将生产性服务贸易竞争力滞后一期作为代理变量，使用两阶段最小二乘法进行分析。从表3-3中的回归结果可以看出，生产性服务贸易竞争力对制造业企业出口绩效的影响是正向显著，尤其是生产性服务贸易对出口强度有显著正相关性。

---

① 行业划分的标准参考张艳等（2013）的研究，高服务任务投入行业包括：食品制造业、饮料制造业、造纸及纸制品业、印刷业和记录媒介的复制、文教体育用品制造业、石油加工及炼焦业、交通运输设备制造业、电子及通信设备制造业、仪器仪表文化办公用机械、电力蒸汽热水煤气生产供应业。

表3-3　生产性服务贸易竞争力回归结果（2SLS）

解释变量	被解释变量：出口绩效＋出口强度	
	（1）	（2）
total_RCA	0.0578	0.240***
	(0.0723)	(0.0184)
profit_rate	0.00451	-0.0214***
	(0.0140)	(0.00558)
lnlabor_rate	0.465***	-0.0458***
	(0.0271)	(0.00870)
lnworker	1.072***	-0.0382**
	(0.0497)	(0.0154)
lnasset	0.0306**	-0.00792***
	(0.0159)	(0.00234)
fan_con	-0.0381**	-0.0291***
	(0.0151)	(0.00574)
lnage	-0.153***	-0.0673***
	(0.0373)	(0.0118)
固定效应	0.0578	0.240***
R^2	0.364	0.221
N	60991	60991

注：*** 表示标准差 $p < 0.01$，** 表示标准差 $p < 0.05$，* 表示标准差 $p < 0.1$。

表3-3中（1）显示了生产性服务贸易竞争力对以出口规模衡量制造业企业出口绩效影响的结果，在1%的显著性水平下中国生产性服务贸易竞争力的系数显著为正。系数越大说明生产性服务贸易竞争力的提高越有助于中国制造业企业出口绩效的提升。表3-3中（2）显示了生产性服务贸易竞争力对以出口强度衡量制造业企业出口绩效影响的结果。同样的，在1%的显著性水平下，生产性服务贸易竞争力对制造业企业出口强度也有较为明显的促进作用。生产性服务贸易竞争力的提高有助于深化我国制造业企业在国际市场分工的嵌入程度，可通过在岸、离岸外包的模式来进行任务发包分配。具体来看，以 RCA 指数衡量的生产性服务贸易竞争力每

提升 1 个单位，制造业企业的出口强度将提升 0.148 个百分点。

从前文可以看出，无论是出口规模还是出口强度，生产性服务贸易竞争力的上升都有助于我国制造业企业出口绩效的提升。这样证实了本研究的理论假说：即生产性服务贸易竞争力水平的提升能有效促进我国制造业企业出口绩效。因此，我国应大力发展生产性服务业，从投入端与产出端延伸生产性服务业价值链链条长度，更好地促进生产性服务业与制造业融合协调发展，进而提升制造业企业的全要素生产率和创新工艺水平，助力我国制造业转型升级，迈向全球生产网络高端地位。

2. 稳健性检验

回归结果表明，生产性服务贸易竞争力促进了制造业企业出口绩效的提升，即生产性服务贸易竞争力越大，企业出口绩效越高，验证了本研究的理论假说。遗憾的是，目前就如何对回归结果进行稳健性检验并没有统一的标准，更没有一个明确的说明应该从哪些角度去做稳健性检验。根据以往文献研究的检验方法，常用的稳健性检验角度主要有三种。

一是变量替换法。由于一个变量的测量方法不止一种，如果仅选用一种方法对变量进行测量会存在测量上的偏差，无法全面衡量一个指标，往往无法保证结论的可靠性。因此需要通过选取其他变量来代替现有变量（包括替换解释变量和替换被解释变量）进行回归分析，考察回归结果在显著性和正负性上是否一致。变量替换法也是目前实证研究中最常用的检验角度。

二是分样本回归法。由于核心解释变量对于不同的样本而言存在不同的影响程度，因此为了考察不同类型样本对核心解释变量的敏感度，可以将样本进行分类回归，检验回归结果是否对不同的样本均稳健。同时应该注意的是，进行样本分类的标准中往往隐藏着难以观测到的影响因素，会导致回归结果在不同样本间出现差异，因此大部分情况下分样本回归往往被用于进行异质性分析，目的是更加准确地检验理论机制在不同样本间是否存在差异、更加具有实际意义。本研究的异质性分析部分同样采用分样本回归的方式进行，探讨生产性服务贸易竞争力的提高对不同样本企业出口绩效的敏感程度。

三是改变样本容量法。为防止样本中可能存在的极端值对回归结果产生影响，在稳健性检验时可以将个别离群值进行剔除，或者选择最适合研究目的的样本来对结论进行检验。在假设中国工业企业数据库统计准确的前提下，本研究所使用的数据，理论上已经剔除了可能存在的异常值和离群值，所选数据均为企业正常连续的经营数据，符合实际情况。

前文已经分别对出口规模和出口强度进行基准回归且结果较为稳健，即已经间接实现替换被解释变量的方法进行稳健性检验。因此，本研究稳健性检验部分采用替换核心解释变量的方法进行稳健性检验，具体方法是选取前文三种生产性服务贸易竞争力测量指标对五个生产性服务行业——知识产权使用费，建筑服务，金融服务，通信、计算机和信息服务，其他商业服务的贸易竞争力进行测算，并分别进行回归，观察回归结果中各变量的系数正负和显著性是否发生变化。

表3－4显示了五个生产性服务业的贸易竞争力的回归结果，选取的被解释变量为出口规模，结果较为稳健，三种衡量生产性服务贸易竞争力的系数均为正值且高度显著，与前文的回归结果一致。由于三种贸易竞争力衡量指标的计算方法不同，因此不同指标衡量生产性服务贸易竞争力对制造业企业出口绩效的影响程度并不相同。

表3－4 五个生产性服务业贸易竞争力回归结果

解释变量	被解释变量：出口规模				
	(1)	(2)	(3)	(4)	(5)
	知识产权使用费	建设服务	金融服务	通信、计算机和信息服务	其他商业服务
$total\_TC$	3.963 ***	0.262 ***	0.129 ***	0.438 ***	0.412 ***
	(0.304)	(0.0201)	(0.00994)	(0.0336)	(0.0317)

续表

解释变量	被解释变量：出口规模				
	(1)	(2)	(3)	(4)	(5)
	知识产权使用费	建设服务	金融服务	通信、计算机和信息服务	其他商业服务
total_IMS	45.70 ***	1.364 ***	12.80 ***	3.531 ***	3.015 ***
	(3.509)	(0.105)	(0.983)	(0.271)	(0.232)
total_RCA	2.492 ***	0.0822 ***	0.559 ***	0.205 ***	0.200 ***
	(0.191)	(0.00631)	(0.0429)	(0.0157)	(0.0154)
控制变量	控制	控制	控制	控制	控制
固定效应	是	是	是	是	是

注：*** 表示标准差 $p < 0.01$，** 表示标准差 $p < 0.05$，* 表示标准差 $p < 0.1$。

具体来看，知识产权使用费服务贸易竞争力对企业出口绩效的影响度最大。这一方面是技术投入在企业生产经营中发挥重要作用的体现，另一方面也是我国制造业逐步由传统的劳动密集型向技术密集型迈进过程中制造业对知识产权服务投入日渐增加的结果。随着新一轮科技革命的爆发，知识产权使用费贸易将进一步提高。因此，我国应加大对技术领域的投资和对知识产权的保护，促进相关服务产业的快速发展，提高服务型企业的科技产出能力。知识产权使用费贸易竞争力的提高，是企业市场竞争力和国家整体科技水平和创新能力的具体体现。加强在科技领域的投入，进一步提高科技产出，提高知识产权使用费贸易竞争力，才能有力推动我国制造业转型升级。

金融服务贸易竞争力的提升也可以显著提升我国制造业企业出口绩效。一国的金融服务贸易竞争力很大程度会影响国内金融市场的开放度，因为从产业保护角度而言，正是一国产业在国际市场不具备较强的竞争优势，才导致了该国倾向于为保护国内企业的发展而设置各种贸易壁垒和非贸易壁垒，限制国外具备竞争优势企业的产品对国内市场的冲击。而金融服务的开放可以消除资本在国际间流动的壁垒，改善企业资本配置结构，减少企业融资约束，有利于培养企业自主创新的能力以提高其产品的市场竞争力（武力超等，2019；诸竹君等，2020）。因此，为进一步发挥金融服务竞争力对制造业企业出口规模的促进作用，就要推动金融领域企业的转型升级，以提升其在国际市场中的竞争力，同时也应该注意金融市场的开放幅度，从国内国外两个方面优化企业资本结构，降低企业融资成本，提升制造业企业创新能力和生产效率。

3. 异质性分析

（1）制造业行业异质性分析

生产性服务贸易竞争力会促进制造业企业出口绩效的提升，然而对于不同行业的企业影响是否一致？根据本研究的理论假设，企业生产中对生产性服务投入越多，影响效果越大。为探究其造成的差异性影响，本研究将制造业企业根据所处的行业划分为服务任务高投入行业企业和服务任务低投入行业企业，探究不同服务需求行业的企业出口绩效对生产性服务贸易竞争力的敏感程度。

表 3 – 5　不同服务任务投入行业回归结果

解释变量	被解释变量：出口规模	
	服务任务高投入行业	服务任务低投入行业
total_ RCA	0.468 **	0.0602
	(0.210)	(0.0886)
控制变量	控制	控制
固定效应	是	是
R^2	0.367	0.362
N	12971	48020

注：*** 表示标准差 $p < 0.01$，** 表示标准差 $p < 0.05$，* 表示标准差 $p < 0.1$。

表 3 – 5 显示了以 *RCA* 指数衡量的生产性服务贸易竞争力对服务任务高投入行业与服务任务低投入行业的企业出口规模的差异性影响，可以看出正是由于服务任务高投入行业的制造业企业在生产过程中对服务投入的需求较大，因此服务任务高投入行业的企业对生产性服务贸易竞争力更加

敏感。这也从侧面进一步印证了本研究的理论假设，即生产性服务贸易竞争力的提高可以有效促进制造业企业出口绩效的提升。

（2）企业所有制异质性分析

根据企业拥有资本类型占比的不同，本研究将中国工业企业数据库中统计的企业样本分为国有企业、私营企业、港澳台企业和外资企业，并分样本进行回归。从表3-6可以看出，中国生产性服务贸易竞争力对制造业企业出口绩效的影响并不均匀。因为企业所有制的不同会使企业拥有不同的经营目的，会影响企业的生产和市场行为，并进一步影响企业对市场的敏感程度，相对于国有企业，其他所有制企业会更加注重经营利益最大化的目标（符大海等，2020）。外资企业和国内私营出口企业对生产性服务贸易竞争力敏感度更高，这些企业十分熟悉国际市场环境，因此可以以更低的成本获得国际上更加优质的服务投入生产，更容易从服务开放中获利。而对于国有企业、港澳台企业而言，生产性服务贸易竞争力对制造业企业出口绩效的提升并不显著，特别是国有企业，无法从我国生产性服务贸易竞争力提升中获得正向收益。这是由于国有制造企业在选择生产过程中的服务投入来源时比较保守，很多国有企业是一体化经营，大量的生产服务任务由本企业自行提供，服务投入专业化程度较低，对国有企业的促进作用为负；港澳台企业投资的制造业主要集中在对人力成本较为敏感的低端制造业，生产过程中并不需要大量作为中间投入品的生产性服务，因此我国生产性服务贸易竞争力的提升对其出口绩效的促进作用显著性较低。

表3-6　异质性分析回归结果

解释变量	(1) 国有企业	(2) 私营企业	(3) 港澳台企业	(4) 外资企业
total_RCA	-0.684***	0.244***	-0.0359*	0.268***
	(0.0188)	(0.0282)	(0.0197)	(0.0255)
profit_rate	0.000780	-0.0176***	-0.0235***	-0.0273***
	(0.00812)	(0.00541)	(0.00716)	(0.00583)

续表

解释变量	(1) 国有企业	(2) 私营企业	(3) 港澳台企业	(4) 外资企业
ln*labor_rate*	− 0.0220	− 0.0425 ***	− 0.0339 ***	− 0.0520 ***
	(0.0176)	(0.0145)	(0.00839)	(0.00919)
ln*worker*	− 0.0301 ***	− 0.0793 ***	0.0179	0.00413
	(0.0101)	(0.00918)	(0.0132)	(0.0201)
ln*asset*	− 0.0569 ***	− 0.00254	− 0.00111	− 0.0188 ***
	(0.0200)	(0.00262)	(0.00401)	(0.00530)
fan_con	0.00401	− 0.0172 ***	− 0.0288 ***	− 0.0150 ***
	(0.0136)	(0.00411)	(0.00881)	(0.00548)
ln*age*	0.0245	− 0.0710 ***	0.00433	− 0.0592 ***
	(0.0236)	(0.0155)	(0.0156)	(0.0155)
固定效应	是	是	是	是
R^2	0.367	0.322	0.431	0.442
N	2891	28238	11900	13608

注: *** 表示标准差 $p < 0.01$, ** 表示标准差 $p < 0.05$, * 表示标准差 $p < 0.1$。

第六节　本章小结

首先，生产性服务贸易竞争力的测算结果显示，尽管三种测算方法衡量结果有所差异，但我国生产性服务贸易竞争力水平总体上在 2005—2013 年呈现持续上升的趋势。我国与英美等发达国家相比目前仍有较大的差距，值得注意的是印度生产性服务贸易竞争力水平也远高于我国。从细分行业层面来看，我国建筑服务行业的贸易竞争力水平较高，这可能与我国基建水平的提高密切相关，并随着我国建筑服务出海得到进一步发展。我国通信、计算机和信息服务行业与知识产权使用费的趋势大致相同，在 2016 年之后有了较为明显的提升，侧面印证了我国科技水平在近十年内有了快速提高，特别是在 5G、人工智能、新能源等新兴产业发展的成绩有目共睹，表明我国企业在面对新兴产业能快速抓住机遇，从原有科技的追赶者逐渐向领跑者转变，坚实稳步迈向中国制造 2025。

其次，本书借鉴 Grossman 等（2008）的研究，并在其服务任务理论模型的基础上，加入生产性服务贸易竞争力对企业服务投入采购行为的影响，构建出生产性服务贸易竞争力对企业生产成本的理论模型。假定出口市场消费者对产品的需求满足 CES（Constant Elasticity of Substitution）效用函数，企业将从成本的角度出发自由选择由国内或国外服务企业提供生产所需投入的服务任务，由此可推导出生产性服务贸易竞争力的提高有利于企业出口绩效提升的理论假说。

最后，基于 2005—2013 年制造业企业出口数据的实证分析结果表明，我国生产性服务贸易竞争力显著地提升了制造业企业的出口绩效。按照不同制造业企业对生产性服务投入的强度不同分组回归结果表明，所处行业对生产性服务投入需求高的制造业企业对生产性服务贸易竞争力的提升更加敏感。细分行业的回归与整体回归结果一致，都表明制造业企业可以从不同行业的生产性服务贸易竞争力水平提高的过程中受益，能够显著促进制造业企业出口绩效的提升。但值得注意的是，生产性服务贸易竞争力对制造业企业出口绩效的提升在不同所有制企业中的表现具有异质性，对于民营企业和外资企业的促进作用较为显著，而对港澳台企业的促进作用显著相对较低；对于国有企业而言，生产性服务贸易竞争力却抑制了出口绩效的提升，可能与国有企业一体化经营有关，在生产性服务领域的专业度较低，国有企业在服务投入的成本并未实际性降低。

对于如何提升制造业企业出口绩效，助力我国对外贸易高质量发展，可以从以下三个方面进行。

一是加强生产性服务业与制造业的衔接。生产性服务的投入在制造业企业生产中发挥着重要的作用，同时也助力制造业转型升级，因此进一步加强产业间的关联程度有助于更好地发挥生产性服务业的作用。围绕生产性服务高投入制造业企业打造制造业与服务业相互融合的产业集群，一方面可以加强企业间的联系，另一方面可以降低制造业企业交易成本。对于生产性服务低投入制造业，应提高生产环节对生产性服务要素的投入，加快推动相关产业的升级发展。另外，建立中介服务体系，更加有效率地将生产性服务与制造业对接起来，实现生产性服务业助力制造业转型升级，制造业反哺国内服务产业的双向提升发展新模式。

二是继续有序推进服务业开放。党的十九届五中全会指出，"要建设更高水平开放型经济新体制"，其中的关键在于深化服务业开放。扩大对服务业的开放，一方面能使制造业企业以更低的交易成本获得国外优质的服务投入生产，助力制造业企业实现生产成本的最优和产品竞争力的提高，也间接促进了生产性服务与制造业的紧密联系；另一方面引进国外先进生产性服务会带来行业溢出效应，使本国企业更多学习国外生产性服务行业的先进生产模式和管理理念，带动中国生产性服务行业的发展，同时也提高了相关行业的竞争程度，激发市场活力，倒逼国内生产性服务行业加快发展，提高自身在市场中竞争力。

三是加大服务业自身转型升级。前文对三种衡量生产性服务贸易竞争力指标的计算结果显示，我国当前具有优势的产业仍是传统服务行业，新兴现代服务业虽然在不断增加，但是由于起步较晚，以国内生产总值来衡量，占比较低。与发达国家的同类型企业，特别是美国和英国的服务型企业相比，我国的生产性服务企业在国际市场的竞争优势不够明显。因此，我国应着力推动生产性服务产业转型升级，加大对相关企业的扶持力度，特别是针对以技术和知识产权服务为主的生产性服务企业，提供一些资金上的支持措施，鼓励国有企业与相关生产性服务企业的紧密合作，为生产性服务企业发展提供市场和信息反馈，以提高生产性服务企业业务能力，切实提高生产性服务企业在国际市场的竞争优势。

第四章

制造业投入服务化与中国企业出口产品质量

第一节　研究背景

改革开放 40 多年来，我国抓住全球产业转移和价值链跨国分工生产体系构建带来的历史机遇，推行改革开放的基本国策，在对外贸易领域取得了不俗成绩。如果仅从贸易规模来看，我国已先后超越德国、英国、日本等传统贸易强国，成为世界第一大出口国和第二大进口国。我国在很长一段时间里依托于劳动力、土地等生产要素方面低成本的优势，并借助"两头在外"及"粗放式"的加工贸易方式嵌入到全球价值链分工体系中。这使我国出口产品质量在近年来有所提升，但我国出口制成品中的国内增加值和技术含量其实并不高，尤其与欧美发达国家相比仍有不小的差距，国际竞争力依旧不足（余淼杰等，2017；蒋殿春等，2023）。

目前，我国大多数产业仍处于全球价值链分工的中低端环节，国内附加值较低，极易受到国际金融市场波动和冲击的影响。在外部环境方面，自 2008 年全球经济危机开始，外部需求疲软的态势严重制约了我国对外贸易活动；在内部环境方面，我国人口红利逐渐消失殆尽，用工成本节节攀升致使生产成本快速上涨，迫使跨国企业将工厂从我国转移到越南、印尼等成本更低的新兴发展中国家，导致中国出口动力不足。在上述内外部不利因素的双重挤压下，"血拼式"的对外贸易模式显然难以持续，我国制成品出口面临着"规模天花板约束"和"质量低端锁定"等棘手问题（戴翔等，2018；魏浩等，2023）。如何破除上述困境，提升我国出口企业的产品质量以及增强我国出口竞争力是我国当前理论和实际都亟待解决的重要问题。

全球经济正经历着从"制造经济"向"服务经济"的转型，世界各国国民经济中服务业的作用愈发凸出，越来越多的制造业企业开始不满足于仅为客户提供实物产品，已有如通用、施乐、飞利浦等跨国企业将经营商业模式从"实物销售"向"服务+实体"转变，通过增加中间服务要素投入的方式，提升自身的国际竞争力（黄群慧等，2014；王思语等，2017）。制造业服务化是全球经济发展的新趋势，具有整合与扩大服务要素产品供给内涵和外延的作用，使生产要素投入从过去有形的实物要素向无形的服务要素转变，最后实现企业转型升级（刘斌等，2016；高翔等，2020）。作为中间投入的服务（尤其是生产性服务），将高度专业化的人力技术资本等要素，通过"飞轮"形式匹配内嵌于最终有形的制成品中，使产品质量得到提高。制造业服务化对制造业转型升级以及产业向价值链中高端位置攀升具有关键的作用（刘志彪，2008；王飞等，2023）。鉴于服务业在国民经济中的作用，我国国务院于2014年印发了《关于加快发展生产性服务业促进产业结构调整升级的指导意见》。该文件明确指出，要以产业转型升级需求为导向，进一步加快生产性服务业发展，引导企业进一步打破"大而全""小而全"的格局，分离和外包非核心业务，向价值链高端延伸，促进我国产业逐步由生产制造型向生产服务型转变。当前，我国经济正处于增长阶段转向高质量发展阶段，推进制造业服务化是推动高质量发展的必然选择。尤其是在发达国家塑造的新型全球生产网络分工体系背景下，服务经济应更加发挥好在整个生产环节中充当"润滑剂"和"黏合剂"的角色。我国制造业企业应积极采取以服务为新型内核、制造为基本抓手的创新发展模式，并带动制造业和服务业产业深度融合，最终助力我国产业全面升级（余典范等，2011；戴翔，2016；张铭心等，2021）。

与本研究相关的文献研究主要有两支，一是制造业服务化的相关概念及其影响，二是出口产品质量的测度及其影响因素。制造业服务化最早由Vandermerwe 等（1988）提出，随后一系列的文献不断对相关概念进行补充和扩展，总体来看主要是从以下两个方面进行讨论：一是制造业投入的服务化，即制造业在产品的生产过程中逐步使用更多的服务中间投入而不是传统的实物资本投入；二是制造业产出的服务化，即在产品的制造过程中融入服务的价值，从单纯销售产品转变为销售"产品＋服务"的综合体系。囿于数据的可得性，从微观层面研究产出服务化对企业活动影响的文献并不多（Neely，2008；Crozet et al，2017），更多的文章探讨制造业投入服务化对企业生产运作活动的影响。对于制造业投入服务化的概念及其对企业活动影响的相关研究主要有三个方面：一是制造业投入服务化对企业技术创新的影响。Macpherson（1997；2008）基于北美400 多家制造业企业的调查数据研究发现，外部的服务投入尤其是技术服务的使用可以提高中小型制造业企业的创新绩效。刘维刚等（2018）基于中国的数据样本研究发现，制造业投入服务化对企业技术进步的影响存在异质性，相比于传统服务业，现代服务业对企业技术进步有促进作用。二是制造业投入服务化对企业生产效率的影响。Arnold 等（2008）研究了非洲制造业企业的全要素生产率与其获得服务投入能力之间的关系，发现企业对通信、电力和金融服务的获取显著提高了企业的生产效率。Amiti 等（2009）研究发现，离岸服务外包是20 世纪90 年代美国制造业企业生产率提高的重要因素之一，贡献了10%的生产率增长。邱爱莲等（2014）同样认为生产性服务贸易通过产生规模经济效应促进企业的全要素生产率提升。三是制造业投入服务化对企业产品国际分工地位的影响。大量研究揭示了服务要素在产品价值创造过程中的重要作用，一些文献指出服务要素在国际贸易中也发挥着重要作用，引领制造业向全球价值链高端攀升（刘斌等，2016；夏杰长等，2017）。唐海燕等（2009）研究发现产品内国际分工对价值链的提升有重要作用，其中交通服务的质量扮演了重要角色。许和连等（2017）认为制造业投入服务化可能通过成本降低和技术创新等途径提升企业出口的国内增加值。

如何准确测度出口产品质量是国际贸易文献中关注的一个重要问题。一般认为，产品的质量越好则其定价也越高，因此早期的文献多采用出口产品的单位价值来衡量出口产品质量（Schott，2004）。考虑到价格信息中包含大量与质量无关的信息，一些文献从需求的角度切入，从价格中剔除相关信息后进行出口产品质量的理论推断（Khandelwal，2010；Hallak et al，2011）。另外，考虑到出口产品质量的决定是供需双方共同作用的结果，相关研究通过结构方程模型的估计来测度出口产品质量（Feenstra et al，2014），可以得到较为准确的结果，但结构参数的估计较为复杂，该方法并未得到广泛应用。随着准确测度出口产品质量方法的不断提出，大量文献对出口产品质量的影响因素进行了探讨，主要有以下三个方面：一是中间投入品的视角。Bas 等（2015）发现进口投入品关税的下降会促使企业使用更高质量的投入品，进而提高出口产品质量和出口产品价格。许家云等（2017）进一步指出，中间品进口可能通过"中间产品质量效应""产品种类效应""技术溢出效应"三个渠道促进企业出口产品质量的提升。二是融资约束的视角。Fan 等（2015）认为严格收紧的信贷约束会迫使出口企业生产低质量的产品。张杰（2015）研究发现，政府干预和金融抑制带来的扭曲容易造成融资约束和企业出口产品质量之间呈现显著倒 U 型关系。三是生产率的视角。Kugler 等（2012）认为企业的生产能力和生产资料投入品在决定产品质量时存在互补关系，生产能力更强的企业会选择更好的投入品并提高产出的定价。樊海潮等（2015）研究发现出口产品质量和生产率之间存在明显的正向关系。还有一些研究从目的国特征的视角（Hallak，2006；Bastos et al，2010）、汇率等角度进行研究（许家云等，2015；魏如青等，2020）。

中国对外贸易方式处于转变优化的关键时期，制造业服务化作为可能突破中国制造出口"天花板"约束的重要途径，不仅有助于为正处于转型升级、优化经济结构的中国经济提供新的增长动力，亦可为中国制造企业如何向全球价值链中高端攀升提供可能的参照。

第二节　中国制造业服务化动态变化特征分析

围于数据可得性，对制造业服务化程度进行刻画一直是学术难点与焦点。投入产出表能较好地刻画制造和服务两类产业之间内在的经济关联，厘清制造业生产过程中中间服务要素的具体投入价值，进而识别制造业投入的服务化程度。更为重要的是，考虑到上下游产业之间日益复杂的生产及贸易网络关系，投入产出分析法不仅能了解制造业每产出一个单位的最终制成品直接消耗了多少中间服务，而且还能测算出服务部门通过间接方式投入到制成品中的服务价值。因此，本研究借鉴刘斌等（2016）、许和连等（2017）的方法计算中国制造业的服务投入化程度。其中，直接消耗系数的计算具体公式为：

$$a_{ij} = \frac{q_{ij}}{Y_j} \tag{4.1}$$

其中，Y_j 表示 j 部门的总产出，q_{ij} 表示 i 部门投入到 j 部门的要素价值量。因此，a_{ij} 的经济学含义是中间投入占总产出的比重，直接消耗系数矩阵 A 可以表示为：

$$A = \begin{pmatrix} a_{11} & a_{12} & \cdots & a_{1n} \\ a_{21} & a_{22} & \cdots & a_{2n} \\ \cdots & \cdots & \cdots & \cdots \\ a_{n1} & a_{n2} & \cdots & a_{nn} \end{pmatrix} \tag{4.2}$$

该矩阵完整地显示了各个行业使用不同上游中间投入价值占本行业总产出的比重。相比直接消耗系数，完全消耗系数表示生产过程中具体部门的产出需要各部门直接和间接中间投入之和的比重，其表达式为：

$$B = A + A^2 + A^3 + \cdots + A^k + \cdots = (I - A)^{-1} - I \qquad (4.3)$$

其中，B 为完全消耗系数矩阵，I 为单位对角矩阵。需要说明的是，随着产业分工和全球价值链体系的深化，制造业企业生产过程中对服务的间接需求越来越大，产业之间的间接投入和作用也不容忽视（程大中等，2017）。因此，我们还计算了间接消耗系数矩阵 C，其具体表达式为：

$$C = B - A = A^2 + A^3 + \cdots + A^k + \cdots = (I - A)^{-1} - I - A \qquad (4.4)$$

本研究基于 WIOD 数据库提供的中国投入产出数据，计算出 2000—2014 年中国制造业整体及各细分行业的完全消耗系数、直接消耗系数和间接消耗系数的变化情况。表 4 - 1 显示了 2000—2014 年中国制造业投入服务化的动态变化情况。首先，从时间维度来看，无论是直接服务投入系数、间接服务投入系数，还是完全服务投入系数均呈现出大幅度的增长趋势，如制造业完全服务投入系数由 2000 年的 10.41%，提升到 2014 年的 33.49%，增长了 23.08 个百分点。其次，我们还发现中国制造业整体的间

表 4 -1　中国制造业投入服务化变化情况

单位:%

年份	直接服务投入系数	间接服务投入系数	完全服务投入系数	年份	直接服务投入系数	间接服务投入系数	完全服务投入系数
2000	6.81	3.60	10.41	2008	9.93	15.55	25.48
2001	6.98	3.67	10.65	2009	10.13	13.96	24.09
2002	7.20	3.70	10.90	2010	10.41	15.24	25.65
2003	7.57	5.21	12.79	2011	10.48	16.42	26.91
2004	7.53	5.79	13.31	2012	10.88	17.04	27.93
2005	9.17	10.66	19.83	2013	11.59	19.64	31.23
2006	10.08	15.18	25.26	2014	12.21	21.27	33.49
2007	10.44	17.89	28.33				

接服务投入系数从 2000 年的 3.60% 快速增长到了 2014 年的 21.27%,增长幅度远远高于直接服务投入系数的增长幅度,说明在制造业服务化过程中所承担的角色越来越重要。其原因在于,随着全球价值链分工的深入和细化,产业间的关联度不断提高,服务经济对制造业间接供给的价值和作用远远大于直接供给。

考虑到不同制造业行业属性具有差异化的特征,由此本研究给出了更加细化的行业层面的制造业投入服务化的动态变化情况(表 4 - 2)。结果表明,行业间制造业投入服务化水平具有明显的差异。2014 年制造业完全投入服务化水平较高的行业是 D11(基本金属制造业)、D13(计算机、电子及光学设备制造业)等资本或技术密集型行业,排名较后的则是 D18(家具制造业)、D5(出版印刷业)等劳动密集型行业。另外,从制造投入服务化的变化趋势来看,除了 D18(家具制造业)的服务化程度没有出现明显的上升程度外,其他细分制造业部门的服务化程度都有不同程度的提高,如部门 D11(基本金属制造业)的服务化程度从 2000 年的 17.85% 提升至 2014 年的 55.60%。

表 4 - 2　中国制造业细分部门完全投入服务化动态变化情况

单位:%

部门	2000 年	2005 年	2010 年	2014 年	部门	2000 年	2005 年	2010 年	2014 年
D1	11.79	15.73	26.68	41.80	D10	11.10	12.89	17.85	24.64
D2	15.12	19.57	25.57	32.19	D11	17.85	40.96	42.64	55.60
D3	2.73	3.20	3.72	5.13	D12	7.42	10.30	14.60	21.09
D4	3.29	4.46	4.01	4.60	D13	8.84	28.78	36.40	44.69
D5	1.64	1.65	1.46	2.06	D14	7.83	13.90	24.82	31.77
D6	2.97	7.90	13.91	17.85	D15	11.46	22.00	29.68	34.21
D7	15.30	23.54	27.87	41.07	D16	4.82	10.26	30.67	36.80
D8	2.92	4.59	5.09	7.74	D17	1.90	3.61	7.45	8.65
D9	5.77	7.59	10.12	13.23	D18	3.72	2.91	2.12	3.14

第三节　研究设计

一、内在机制分析

制造业服务化是全球制造业发展的新趋势。在此背景下，制造业投入服务化水平的提高对企业出口产品质量提升有重要作用。从理论上来看，制造业投入服务化主要从研发创新中介效应和国际分工调节效应两个渠道影响企业出口产品质量。

（一）研发创新中介效应

现代企业的创新过程是开放和多元的，依托多部门、多组织之间的协作进行。在日益复杂、庞大的创新网络下，企业创新不仅需要充足的物质和资本投入，还需要大量的服务投入来支撑整个创新体系的运转。具体来说，随着分工的深化，创新的过程及所需的技术愈发复杂，产出的风险不确定性也较强。因此，企业通过外包获得创新所需的高质量服务要素的方式成为新趋势，并且这种方式所付出的成本显然低于厂商自身供给服务的价格，直接降低了企业的生产成本（程大中，2006；谢旭升等，2023）。此外，服务在生产过程中扮演着"润滑剂"的角色，同样适用于技术研发创新过程，如物流和通信服务条件的改善，可以极大程度降低沟通协调成本（Autor et al, 2013）。进一步地，随着服务要素投入量的不断增加，企业产品的比较优势会逐步建立在管理能力、人才储备以及知识积累之上，这些服务要素对提高企业的创新意愿和创新能力有直接促进作用。总体而言，制造业服务化不仅增强了创新过程中企业内部门之间的协同合作及沟通能力，还强化了企业同外部之间的联系，进而实现了企业内外部的规模经济，使企业专注于构建研发设计体系，持续改善产品质量，对提升企业国际竞争力具有积极促进作用。

（二）国际分工调节效应

国际分工实质是对传统产品内部分工形式在地域范围上的扩展，在全球范围内将资源进行优化配置，制造业企业通过制造投入服务化方式，将非核心的服务环节以外包的形式转交给第三方服务企业，通过外购得到更高效、更专业化的服务要素投入并最终用于制造，即脱胎于制造，又与制造业"分而不离"（Francois，1990；符大海等，2021）。制造业企业会更加专注于那些具有比较优势和竞争力的核心环节，分工程度得到深化的同时也优化了资源配置。比如电子信息技术服务拥有网络性、渗透性和系统性等性质，伴随摩尔定律失效与信息技术进步的指数型增长，生产性服务的可贸易性变强，制造业企业将电子信息服务化投入生产和运营，从而可以有效控制产品的生产、供应和销售过程，提升产出效率（胡汉辉等，2003）。另外，从产业上下游生产关联来看，大量服务要素作为制造业生产的中间投入，以"飞轮"形式嵌入其中，处于上游的人力资本等优质高端服务通过"涟漪效应"提升了下游制造业企业的生产效率。从这个角度来看，随着全球价值链分工体系的深入发展，企业集中内部有限资源于比较优势的生产环节、提高产品质量的同时也更加依赖于外部服务要素的投入。换言之，企业参与国际分工的深度在一定程度上影响企业对服务投入的需求和吸收转换能力。

二、计量模型设定

为了研究制造业投入服务化对微观企业出口产品质量的影响，本研究参考现有文献，将基准回归模型设定为：

$$quality_{fjct} = \alpha_1 + \beta_1 servitivation_{ct} + \beta_2 X_{ijct} + \lambda_f + \lambda_j + \lambda_t + \varepsilon_{ijct} \quad (4.5)$$

其中，下标 f 表示企业，j 代表企业所在地区，c 代表行业，t 代表年份；$quality$ 表示企业的出口产品质量水平，$servitization$ 表示企业制造业投入服务化水平，限于数据的可得性，本研究用行业的制造服务化程度作为企业制造业服务化水平的替代变量。X 为控制变量集合，用来控制影响出口企业产品质量大小的其他因素，包括了企业全要素生产率、行业市场集中度、融资约束水平、企业规模、企业年龄等。此外，本研究还控制了企业的所有制特征 λ_f、地区固定效应 λ_j 和时间固定效应 λ_t，ε_{ijct} 为残差项。

为验证研发创新中介效应的存在，本研究参考温忠麟等（2014）的研究，选取企业的研发创新能力（以企业新产品价值与工业总产值的比值度量）作为中介变量进行回归，回归方程设定如下：

$$quality_{fjct} = \alpha_1 \beta_{11}\, servitivation_{ct} + \beta_{12} X_{ijct} + \lambda_f + \lambda_j + \lambda_t + \varepsilon_{ijct} \quad (4.6)$$

$$rd_{fjct} = \alpha_2 + \beta_{21}\, servitivation_{ct} + \beta_{22} X_{ijct} + \lambda_f + \lambda_j + \lambda_t + \varepsilon_{ijct} \quad (4.7)$$

$$quality_{fjct} = \alpha_3 + \beta_{31}\, servitivation_{ct} + \beta_{32}\, rd_{fjct} + \beta_{33} X_{fict} + \lambda_f + \lambda_j + \lambda_t + \varepsilon_{ijct}$$
$$(4.8)$$

其中，rd 表示企业的研发创新能力，其他变量及字符含义与基准方程相同。

另外，为验证国际分工调节效应的存在，本研究在基准方程的基础上加入国际分工和制造业投入服务化的交互项来进行验证：

$$quality_{fjct} = \alpha_1 + \beta_1\, servitivation_{ct} + \beta_2\, servitivation_{ct} \times position_{ft}$$
$$+ \beta_3 position_{ft} + \beta_4\, X_{fjct} + \lambda_f + \lambda_j + \lambda_t + \varepsilon_{ijct} \quad (4.9)$$

其中，$position$ 表示企业参与国际分工的程度，其他变量含义同基准方程一致。

三、指标构建和数据说明

（一）被解释变量

本研究的被解释变量为出口产品质量。大量文献探讨了出口产品质量的测度（Hallak，2006；Khandelwal，2010，2013；Feenstra et al，2014；Henn et al，2017），考虑到数据可得性和本研究研究维度的需要，本研究采用 Khandelwal 等（2013）的方法进行测算出口产品质量，具体测算步骤为：第一，假设消费者的效用函数为 CES 函数；第二，考虑生产效率的产品需求函数，分别列为如下公式：

$$U = \left(\int_{\xi \varepsilon \Omega} (\lambda_c(\xi) q(\xi))^{(\sigma-1)/\sigma} d\xi \right)^{\sigma/(\sigma-1)} \quad (4.10)$$

$$q_c(\varphi) = \lambda_c^{\sigma-1}(\varphi) p_c^{-\sigma}(\varphi) P_c^{\sigma-1} Y_c \quad (4.11)$$

其中，U、q 和 Y 分别表示消费者的效用、产品的需求数量和消费支出；$\xi \varepsilon \Omega$ 表示消费者购买的商品集合，$q(\varphi)$ 则表示消费者购买每种产品的数量，σ 表示消费需求弹性，φ 表示生产效率，c 表示出口目的国。根据式（4.11），产品的质量和价格都会对产品的需求量产生影响，即企业可以通过高质量或者高生产率获得较高的市场份额。将等式两边取对数，得到：

$$lnq_{fhct} + \sigma lnp_{fhct} = \alpha_h + \alpha_{ct} + \varepsilon_{fhct} \quad (4.12)$$

其中，f 代表个体企业，h 代表出口的目的国，c 代表产品，t 代表时间年份，q 代表产品消费量，p 代表产品价格，α_h 控制了出口目的国的固定效应，α_{ct} 控制了产品—年份层面的固定效应。本研究采用 Broda 等（2006）计算的数值设定弹性 σ，然后在每个产品类别 c 内回归计算得到残差项 ε_{fhct}，最终得到企业—产品二元层面的出口产品质量表达式：

$$quality_{fhct} = \lambda = \varepsilon_{fhct}/(\sigma - 1) \quad (4.13)$$

在这里要特别注意的是，实证模型中有关回归残差计算得到的同一企业在不同行业的出口产品质量，不可将其数值大小进行直接比较。因此，本研究借鉴施炳展等（2013）的方法将其进行标准化处理①：

$$r - quality_{fhct} = \frac{quality_{fhct} - minquality_{fhct}}{maxquality_{fhct} - minquality_{fhct}} \quad (4.14)$$

$r - quality_{fhct}$ 代表标准化后的出口产品质量，其取值范围在区间 [0，1] 之间，标准化后的出口产品质量指数便可在不同行业层面上进行加总。

---

① 标准化后的出口产品质量指数以纲量的形式存在，因此可以在不同层面上加总，从而进行纵向比较分析。

本研究在以上测得的企业—产品层面出口产品质量的基础上，再将企业在每个产品类别下的出口额作为权重加总到企业层面，最终得到企业出口产品质量的加权表达式如下：

$$quality_{ft} = \frac{ex_{fhct}}{\sum ex_{fhct}} \times r - quality_{fhct} \qquad (4.15)$$

其中，$quality_{ft}$ 表示企业个体与对应时期内出口产品质量的加权指数，ex_{fhct} 则表示每种产品的出口统计值。

（二）核心解释变量

制造业投入服务化是本研究的核心解释变量，即制造业企业全产业链生产过程中服务要素的投入与原有生产资料的嵌入程度。鉴于该指标具体构建过程已在前文进行详细论述，在此不再赘述。

（三）其他控制变量

本研究沿用相关文献，在回归中对企业和行业的相关指标进行控制，主要包括：（1）市场集中度，采用赫芬达尔指数作为其替代变量；（2）融资约束，以企业利息支出与工业销售产值的比值表示；（3）企业规模，以企业年平均从业人数对数值表示；（4）企业年龄，以当年年份减去企业开业年份得到，去掉明显错误的值（小于0或大于100）后加1取对数进入方程；（5）全要素生产率，基于 Ackerberg 等（2006）的方法即 ACF 法来计算。传统的 OP 法和 LP 法都可以在一定程度上解决估算过程中的内生性问题，但这些方法都无法解决估计过程中可能产生的共线性问题。而 ACF 法通过放松对劳动力投入的灵活假定，通过两阶段估计的策略克服了这一点，从而得到更为准确的全要素生产率估计。

本研究测算制造业投入服务化时，使用的数据来源于 WIOD 提供的2000—2014 年中国非竞争性投入产出数据。出口产品质量和其他控制变量基础数据均来自中国工业企业数据库和中国海关贸易数据库。中国工业企业数据库涵盖了所有制造业、煤矿采掘业及水电供应行业。其中，制造业占全样本的 90% 左右。该数据的优点在于,样本量极为庞大,且含有许多有关企业财务状况的指标,是目前研究中国制造业企业行为的主要数据来源。此外,由于原始数据在收集数据方面存在不足,使样本中存在大量不合理的观测企业。本研究参考聂辉华等 (2012) 和杨汝岱 (2015) 的处理做法并借助会计准则 (GAAP) 的相关内容,对该数据进行清洗,删除行为异常的企业。具体操作如下:首先,剔除关键信息缺失的企业;其次,清除那些出现如固定资产大于总资产等明显与会计准则不符状况的企业;最后,删除规模小于 8 人的企业。本研究由于主要研究的对象是制造业企业,所以还参考了 Brandt 等 (2012) 的做法,仅保留了样本中行业编码在 13 ~ 42 之间的制造行业①。本研究还需要使用另外一个微观数据库——中国海关贸易数据库,它详细记录了每笔报备中国海关的进出口数据。不过它也存在一些不合理的"杂音"观测值。我们同样对海关数据库进行了清洗,删去了信息缺失的观测值。考虑到在本研究的时间跨度期内产品的 HS 编码发生了多次调整,为了使数据保持一致,本研究根据联合国提供的 HS 编码转换对应表,将研究样本期内的数据,全部转换为以 HS96 编码标记②。由于在中国工业企业数据库中企业代码为 9 位数,而在中国海关数据库中企业代码却标注为 10 位数字,即两个数据库使用了不同的编码系统用来标记企业,两个数据库的企业信息不能直接进行合并,因此本研究参考杨红丽等 (2015) 的方法,对上述两个数据库的企业信息进行匹配。鉴于本研究只能获得 2000—2007 年的中国工业企业数据库,为了使数据达到统一,本研究截取了 2000—2007 年的企业数据进行具体的实证分析。最后,各主要变量的描述性统计如表 4 - 3 所示。

---

① 考虑到在 2003 年前后中国行业分类标准发生了变化,由 GB/T4754 - 1994 变为 GB/T4754 -2002,所以本研究根据 Brandt 等 (2012) 的拼接方法对数据进行了对接。

② HS 编码转换对应表的下载地址为:unstats. un. org/unsd/trade/classifications/correspondence - tables. asp。

表 4 - 3　各主要变量的描述性统计

变量名	观测数	均值	方差
出口产品质量	288,857	0.6668	0.1572
完全系数制造业服务化	288,857	0.1716	0.1011
直接系数制造业服务化	288,857	0.0801	0.0383
间接系数制造业服务化	288,857	0.0915	0.0671
市场集中度	288,857	0.0020	0.0023
全要素生产率	231,976	1.5159	1.3895
融资约束	286,172	0.0111	0.2361
企业规模	288,856	5.2779	1.1360
企业年龄	288,857	1.8785	0.7793

第四节　实证结果分析

一、制造业投入服务化对出口产品质量影响的基准回归分析

本研究首先采用面板固定效应回归模型，分别从完全服务化、直接服务化和间接服务化三个维度初步探究制造业投入服务化对企业出口产品质量的影响。表4-4中的列（2）、列（5）、列（8）的回归结果显示，在控制企业生产率、融资约束等控制变量的条件下，制造业服务化对出口产品质量具有显著的正向作用，且结果都在1%的水平上显著。具体而言，在保持其他变量不变的情况下，制造业的整体完全服务化水平每提高1%，所在行业制造业企业出口产品质量就提高0.037%；而直接服务化和间接服务化对出口产品质量提高的效应也显著为正，分别为0.062和0.060。此外，为了解决回归过程中可能出现的内生性问题，本研究借鉴刘斌等（2016）的做法，选取印度各制造业的服务化程度系数作为中国制造业投入服务化的工具变量。本研究选择该工具变量的依据是，中印两国是当今世界上最大的两个发展中国家，两国关系无论是"龙象之争"还是"龙象

表4-4 制造业服务化对企业出口产品质量基准回归结果

| | 企业出口产品质量 | | | | | | | | |
| | 完全消耗 | | | 直接消耗 | | | 间接消耗 | | |
	(1) OLS	(2) FE	(3) 2SLS	(4) OLS	(5) FE	(6) 2SLS	(7) OLS	(8) FE	(9) 2SLS
完全服务化	0.005* (1.955)	0.037*** (7.658)	0.077*** (2.915)						
直接服务化				-0.011 (-1.364)	0.062*** (4.565)	0.474*** (2.907)			
间接服务化							0.011*** (3.211)	0.060*** (8.558)	0.091*** (2.916)
生产率		0.009*** (32.266)	0.009*** (32.114)		0.009*** (32.299)	0.009*** (31.595)		0.009*** (32.266)	0.009*** (32.184)
融资约束		-0.001* (-1.815)	-0.001* (-1.822)		-0.001* (-1.817)	-0.001* (-1.870)		-0.001* (-1.811)	-0.001* (-1.813)
市场集中度		-0.701*** (-3.815)	-0.681*** (-3.696)		-0.677*** (-3.676)	-0.386* (-1.774)		-0.732*** (-3.983)	-0.738*** (-4.015)
企业规模		0.023*** (46.676)	0.023*** (46.051)		0.023*** (46.709)	0.023*** (42.536)		0.023*** (46.711)	0.023*** (46.448)
企业年龄		0.006*** (8.838)	0.006*** (8.917)		0.006*** (8.763)	0.006*** (8.867)		0.006*** (8.874)	0.006*** (8.924)
年份		是	是		是	是		是	是
地区		是	是		是	是		是	是
所有制		是	是		是	是		是	是

续表

	企业出口产品质量								
	完全消耗			直接消耗			间接消耗		
	(1) OLS	(2) FE	(3) 2SLS	(4) OLS	(5) FE	(6) 2SLS	(7) OLS	(8) FE	(9) 2SLS
LM 统计量			5,379.63 [0.0000]			1,086.57 [0.0000]			7,649.19 [0.0000]
Wald 统计量			5,572.06 {16.38}			1,094.08 {16.38}			8,044.67 {16.38}
N	288,857	231,655	208,904	288,857	231,655	208,904	288,857	231,655	208,904
R^2	0.027	0.027	0.026		0.026	0.021		0.027	0.027

注：[ ] 内数值为相应统计量的 P 值；{ } 内为 Stock – Yogo 检验 10% 水平上的临界值，下同。

共舞"，对目前世界经济体系重构的重要性都不言而喻（祝树金等，
2009）。而且两国社会经济发展和相关产业政策存在明显的相互影响，印
度以软件科技为导向，大力发展第三产业的模式对中国服务产业具有重要
借鉴意义。同时，印度制造行业的投入服务化程度对中国企业出口产品质
量的影响相对较小。因此，表 4－4 中的列（3）、列（6）和列（9）表示
上述三种服务化指标对出口产品质量的两阶段最小二乘法（2SLS）的回归
结果。回归的 LM 结果的统计显著为正，说明工具变量不存在识别不足的
问题；而 Wald 统计量也通过了弱工具变量检验，说明工具变量的选择是
合理的。工具变量的回归结果显示，三种不同类型的制造业服务化对企业
的出口产品质量都有积极的正向促进作用，进一步证实本研究结果稳健
可靠。

二、制造业服务化对出口产品质量影响的微观机制检验

由上述结果可知，三种不同类型的服务化对企业出口产品质量都具有
促进作用。一方面，制造业投入服务化使企业能获得更为专业化的中间进
口要素服务投入，从而接触现代化的科学管理技术和营销理念，产生"学
习效应"，有助于企业研发水平的提升，而研发和创新又是保持企业竞争
力的关键环节。另一方面，随着全球价值链国际生产分工的程度加深，为
使要素配置效率得到提高，企业更加依赖生产性服务要素投入。制造业投
入服务化可以通过研发创新这一中介渠道促进企业出口产品质量的提高；
同时，企业的国际分工水平在一定程度上能调节制造业投入服务化对企业
出口产品质量的促进作用。

在对上述两个机制进行检验时，本研究首先借鉴董晓芳等（2014）的
处理方法，以企业新产品价值和工业总产值的比值作为企业研发创新的代理
变量，同时参考吕越等（2017）的测度方式，将企业全球价值链嵌入程度系
数作为参与国际分工的代理变量，具体检验结果如表 4－5 和表 4－6 所示。

表 4 - 5　研发创新中介效应检验

	(1)	(2)	(3)	(4)	(5)	(6)
	FE	FE	FE	FE	FE	FE
	研发创新	企业出口产品质量	研发创新	企业出口产品质量	研发创新	企业出口产品质量
完全服务化	0.023 **	0.038 ***				
	(2.276)	(6.982)				
直接服务化			0.059 **	0.064 ***		
			(2.108)	(4.268)		
间接服务化					0.032 **	0.061 ***
					(2.169)	(7.792)
研发创新		0.003 *		0.003 *		0.003 *
		(1.748)		(1.768)		(1.745)
生产率	-0.001 **	0.009 ***	-0.001 **	0.009 ***	-0.001 **	0.009 ***
	(-2.217)	(28.676)	(-2.215)	(28.701)	(-2.214)	(28.676)
融资约束	-0.002 *	-0.001	-0.002 *	-0.001	-0.002 *	-0.001
	(-1.733)	(-1.573)	(-1.736)	(-1.578)	(-1.731)	(-1.567)
市场集中度	-0.154	-0.602 ***	-0.129	-0.591 ***	-0.172	-0.628 ***
	(-0.408)	(-2.989)	(-0.342)	(-2.931)	(-0.456)	(-3.122)
企业规模	0.010 ***	0.023 ***	0.010 ***	0.023 ***	0.010 ***	0.023 ***
	(9.660)	(41.807)	(9.642)	(41.819)	(9.679)	(41.849)
企业年龄	-0.004 **	0.005 ***	-0.004 **	0.005 ***	-0.004 **	0.005 ***
	(-2.552)	(6.368)	(-2.573)	(6.289)	(-2.547)	(6.405)
年份	是	是	是	是	是	是
地区	是	是	是	是	是	是
所有制	是	是	是	是	是	是
N	195,314	195,314	195,314	195,314	195,314	195,314
R^2	0.0065	0.0269	0.0065	0.0267	0.0065	0.0270

注：*** 表示标准差 $p < 0.01$，** 表示标准差 $p < 0.05$，* 表示标准差 $p < 0.1$。

表 4 - 5 中，列（1）、列（2）表示在固定效应回归下，完全服务化的回归结果；列（3）、列（4）表示在固定效应回归下，直接服务化的回归结果；列（5）、列（6）表示在固定效应回归下，间接服务化的回归结果。回归结果显示，制造业服务化不仅对企业出口产品质量有直接的促进作用，还能通过企业研发创新这一中介渠道，间接促进企业出口产品质量的提高。通过上述实证结果可知，随着分工的深化，企业创新过程的复杂性和不确定性日益增加。通过外包获取高质量低成本的服务要素投入有力地促进了企业的创新活动，进而促使企业不断改良产品质量。

表 4－6　国际分工调节效应检验

	企业出口产品质量					
	完全消耗		直接消耗		间接消耗	
	（1）	（2）	（3）	（4）	（5）	（6）
	FE	2SLS	FE	2SLS	FE	2SLS
完全服务化	－ 0. 085 ***	－ 0. 390 ***				
	（ － 7. 006）	（ － 4. 296）				
完全服务化 ＊ 国际分工	0. 138 ***	0. 203 ***				
	（10. 469）	（5. 228）				
直接服务化			－ 0. 146 ***	－ 6. 702		
			（ － 4. 289）	（ － 1. 083）		
直接服务化 ＊ 国际分工			0. 258 ***	－ 3. 604		
			（6. 544）	（ － 0. 805）		
间接服务化					－ 0. 138 ***	－ 0. 510 ***
					（ － 7. 918）	（ － 4. 635）
间接服务化 ＊ 国际分工					0. 217 ***	0. 326 ***
					（11. 668）	（5. 985）
国际分工	－ 0. 037 ***	－ 0. 047 ***	－ 0. 035 ***	0. 266	－ 0. 032 ***	－ 0. 040 ***
	（ － 12. 991）	（ － 7. 294）	（ － 9. 619）	（0. 760）	（ － 13. 308）	（ － 8. 610）
生产率	0. 009 ***	0. 009 ***	0. 009 ***	0. 011 ***	0. 009 ***	0. 009 ***
	（21. 877）	（21. 793）	（21. 876）	（4. 968）	（21. 894）	（21. 930）
融资约束	－ 0. 022 ***	－ 0. 022 ***	－ 0. 022 ***	－ 0. 022 **	－ 0. 022 ***	－ 0. 022 ***
	（ － 5. 591）	（ － 5. 570）	（ － 5. 582）	（ － 2. 494）	（ － 5. 585）	（ － 5. 564）
市场集中度	－ 0. 683 ***	－ 0. 906 ***	－ 0. 655 ***	－ 9. 749	－ 0. 704 ***	－ 0. 681 ***
	（ － 2. 704）	（ － 3. 388）	（ － 2. 584）	（ － 1. 0591）	（ － 2. 787）	（ － 2. 678）
企业规模	0. 022 ***	0. 023 ***	0. 022 ***	0. 0325 ***	0. 022 ***	0. 023 ***
	（31. 357）	（30. 305）	（31. 323）	（3. 1354）	（31. 366）	（31. 136）
企业年龄	0. 007 ***	0. 007 ***	0. 007 ***	0. 0061 **	0. 007 ***	0. 007 ***
	（6. 909）	（6. 832）	（6. 830）	（2. 3165）	（6. 912）	（6. 820）
地区	是	是	是	是	是	是
年份	是	是	是	是	是	是
所有制	是	是	是	是	是	是
LM 统计量		376. 251		1. 208		708. 141
		［0. 0000］		［0. 0000］		［0. 0000］
Wald 统计量		189. 253		0. 604		358. 183
		｛7. 03｝		｛7. 03｝		｛7. 03｝
N	93,180	81,468	93,180	81,468	93,180	81,468
R^2	0. 0319	0. 0097	0. 0308	－ 4. 0450	0. 0324	0. 0186

注：*** 表示标准差 $p < 0.01$，** 表示标准差 $p < 0.05$，* 表示标准差 $p < 0.1$。

表 4-6 显示了国际分工渠道下的机制检验结果。观察列（1）、列（3）、列（5），发现回归结果同预期设想一致，即企业参与全球价值链分工的程度越深，越能发挥生产性服务投入对企业出口产品质量的促进作用。这是因为企业参与国际分工体系会促使其更加积极地运用各类要素，尤其是高质价优的国外服务要素的引入。而要素配置效率的提高直接降低了企业生产更高质量产品的成本，从而促进了企业出口产品质量的提高。此外，尽管列（4）表明直接服务化指数的回归结果并不显著，但总体上两阶段最小二乘法（2SLS）的结果依然稳健。垂直专业化分工是全球价值链生产体系建立的前提条件。全球价值链分工体系的深入发展，加速了制造业企业服务化的进度。服务投入在统筹参与全球价值链生产和提升产品增加值方面有重要作用。

制造业投入服务化主要通过研发创新活动影响企业的出口产品质量，同时企业的国际分工地位对制造业投入服务化的质量促进作用有一定的调节能力。值得注意的是，制造业服务化过程首先直接通过技术溢出将大量人力资本和知识资本等高级服务要素投入到实体制造的生产环节，促进了企业生产效率提高。其次，以离岸或在岸外包的方式，将非核心的服务生产环节剥离出去，集中内部有限资源于比较优势的生产环节促进生产效率（吕越等，2017）。基于企业服务外包的决策，不仅降低了企业的生产成本，而且还由于更先进、更专业的进口中间服务的投入，使企业接触并学习到了更先进的生产技术和理念。因此上述两种效应还间接通过"学习效应"及"干中学效应（Learning by doing）"，促进了生产效率的提高，进而影响企业自身的出口产品质量水平（Grossman et al，2002；樊海潮等，2015）。

三、基于细分服务行业的扩展性分析

为考察不同服务行业的投入对企业出口产品质量是否具有差异化的影响，本研究根据我国国家统计局 2015 年对外公布的生产性服务类别，同时

表4-7 中介效应细分服务行业的估计结果

| | (1) | (2) | (3) | (4) | (5) | (6) | (7) | (8) |
| | FE | FE | FE | FE | FE | FE | FE | FE |
	研发创新	企业出口产品质量	研发创新	企业出口产品质量	研发创新	企业出口产品质量	研发创新	企业出口产品质量
商务科技服务化	0.332** (2.524)	0.316*** (4.500)						
金融中介服务化			0.238** (2.566)	0.092* (1.850)				
邮电通信服务化					0.185 (0.973)	0.559*** (5.509)		
交通运输服务化							0.166** (1.987)	0.105** (2.363)
研发创新		0.003* (1.761)		0.003* (1.780)		0.003* (1.778)		0.003* (1.780)
年份	是	是	是	是	是	是	是	是
地区	是	是	是	是	是	是	是	是
所有制	是	是	是	是	是	是	是	是
N	195,314	195,314	195,314	195,314	195,314	195,314	195,314	195,314
R^2	0.0065	0.0267	0.0065	0.0265	0.0065	0.0268	0.0065	0.0266

注：*** 表示标准差 $p < 0.01$，** 表示标准差 $p < 0.05$，* 表示标准差 $p < 0.1$。

兼顾我国国民经济分类和 WIOD 数据库中的服务行业，选取了交通运输、邮电通信、金融服务和商务科技服务等生产性服务进行细分服务行业的回归估计。

表 4-7 显示了交通运输、邮电通信、金融中介服务和商务科技服务等生产性服务对企业出口产品质量的中介效应检验结果。结果显示，四种生产性服务投入均能通过研发创新这一中介渠道促进企业出口产品质量的提高。这说明不同的生产性服务要素投入均可以嵌入企业创新活动当中。这是因为现代创新体系的复杂性和开放性离不开广泛的服务要素投入。高质量、多层次的生产性服务要素投入已经成为参与企业创新活动、提高企业产品质量的必要投入。

表 4-8 显示，上述四种生产性服务业的服务化程度提升对企业出口产品质量都有正向效应。其中，邮电通信服务化对出口产品质量的影响最大，商务科技服务化次之，而金融服务化的影响程度最小，说明不同服务投入对企业的出口产品质量的影响具有差异性表现。其原因是，随着互联网和电子商务运营模式在实体制造业层面的推广和普及，通过信息技术与自身技术的协调统筹发展，企业能更加有效地对上游原材料的供应、生产过程和终端销售等各个环节进行控制，改善企业产出效率。虽然金融服务化的深入，能缓解企业融资难的困境，降低融资成本，提高企业运行效率，但是中国金融市场受到严格管制，金融资源对实体企业经济发展的服务力度有待加强。

表 4-8　调节效应细分服务行业的估计结果

	企业出口产品质量			
	(1)	(2)	(3)	(4)
	FE	FE	FE	FE
商务科技服务化 *国际分工	2.130***			
	(12.727)			
金融中介服务化 *国际分工		1.279***		
		(10.486)		

	企业出口产品质量			
	(1)	(2)	(3)	(4)
	FE	FE	FE	FE
邮电通信服务化 * 国际分工			2.6545 ***	
			(9.285)	
交通运输服务化 * 国际分工				1.109 ***
				(10.465)
地区	是	是	是	是
年份	是	是	是	是
所有制	是	是	是	是
N	93,180	93,180	93,180	93,180
R^2	0.0328	0.0318	0.0315	0.0318

注: *** 表示标准差 $p < 0.01$, ** 表示标准差 $p < 0.05$, * 表示标准差 $p < 0.1$。

四、制造业服务化对出口产品质量影响的渠道异质性分析

为了研究企业异质性条件下调节效应的差异化作用，本研究利用固定资产净值与从业人数的比值计算企业的资本密集度，并将其资本密集度按照三分位数对企业进行分组，对调节效应进行检验，结果如表 4 - 9 所示。

表 4 - 9 显示了国际分工调节效应下的异质性回归结果，所有结果均为正向显著，且高资本密集度企业的系数要大于中资本密集度企业的系数，低资本密集度企业的系数则最小。我国参与国际分工的企业主要以传统制造业企业为主，在这些行业中资本密集度大的企业往往才有能力通过服务外包或者使用高质量的服务投入要素实现产品质量的提高，而那些资本密集度较低的企业，往往只能通过较低的劳动力成本优势获取参与国际分工的入场券，这些企业从行业的制造业服务化水平提高中获益更少。

表 4-9 调节效应的异质性回归分析

	企业出口产品质量								
	低资本密集度	中资本密集度	高资本密集度	低资本密集度	中资本密集度	高资本密集度	低资本密集度	中资本密集度	高资本密集度
	(1)	(2)	(3)	(4)	(5)	(6)	(7)	(8)	(9)
	FE	FE	FE	FE	FE	FE	FE	FE	FE
完全服务化 *国际分工	0.091*** (4.433)	0.120*** (4.569)	0.170*** (6.352)						
直接服务化 *国际分工				0.139** (2.215)	0.182** (2.376)	0.415*** (5.160)			
间接服务化 *国际分工							0.146*** (5.133)	0.198*** (5.314)	0.248*** (6.547)
年份	是	是	是	是	是	是	是	是	是
地区	是	是	是	是	是	是	是	是	是
所有制	是	是	是	是	是	是	是	是	是
N	32,742	29,972	30,466	32,742	29,972	30,466	32,742	29,972	30,466
R^2	0.058	0.035	0.036	0.057	0.034	0.035	0.058	0.035	0.036

注：*** 表示标准差 $p<0.01$，** 表示标准差 $p<0.05$，* 表示标准差 $p<0.1$。

本研究采用 WIOD 数据库测算了 2000—2014 年中国制造业整体及细分行业的投入服务化程度，通过测算结果发现无论是整体还是细分行业，中国制造业投入服务化基本呈现出平稳上升的态势，服务型制造与制造业服务化趋势明显。进一步地，本研究将其与中国工业企业数据和中国海关数据进行匹配合并，通过实证检验制造业投入服务化对中国微观企业出口产品质量的影响。研究发现，制造业投入服务化对中国企业出口产品质量存在显著的正向效应；微观机制分析表明，制造业投入服务化通过研发创新这一中介渠道推动了企业出口产品质量的提升；企业的国际分工对制造业投入服务化的质量提升作用有一定的调节能力，且对不同资本密集度的企业具有差异性化的作用。

第五节　本章小结

在国际分工深化和外贸转型的背景下，本研究从出口产品质量的视角探讨了制造业投入服务化趋势在加速产业转型升级、培育出口新优势方面的相关影响。刘斌等（2016）初步讨论了制造业投入服务化对企业出口产品质量的影响，提供了行业层面的证据。许和连等（2017）从企业出口国内增加值的角度进行了类似探讨。相比已有文献，本研究基于微观企业层面的视角，从异质性企业数据样本出发，提供了制造业投入服务化影响企业出口产品质量的一系列证据。进一步地，本研究还对研发创新中介效应和国际分工调节效应进行了识别和讨论，在理论和实证上对已有文献进行了补充。

中国出口企业正面临国内劳动力成本快速上升、国外需求不足、欧美制造业回流等诸多不利因素，制造业服务化已成为中国出口企业提升国际竞争力以及寻求转型升级的重要手段。实际上，由于国内的服务业同发达国家差距较大，国内服务要素投入的成本相比国外服务要素较高。鉴于此，通过进一步推进我国服务业发展和制造业服务化进程，加快制造业和服务业两大产业深度有效融合，提高生产服务要素在制造业生产过程中的投入比例，不仅可以推动我国服务业降低成本向"价廉质优"的方向发展，还可以帮助制造业企业向"微笑曲线"左右两端扩展延伸，提高制成品的附加值和产品质量，带动我国经济向高质量发展。

此外，要鼓励企业尤其是"专精特新"企业积极参与全球价值链背景下的国际分工活动，在使用国外高质量服务要素投入和服务外包的同时，吸收国外先进的管理经验和技术经验，提高企业内部的运营效率、增强企业之间和企业与市场主体之间的交流合作。同时，企业应当通过服务要素的投入弥补创新投入的不足并降低创新的风险，通过高质量的管理和服务要素投入提高企业的创新效率，改善营商环境，推动建立统一大市场，盘活市场资源要素，建立起有市场竞争力的研发生产体系，形成良性循环。

第五章

全球制造业服务化典型案例解析

本书前四章从文献梳理、数理模型和计量实证三个方面分析了制造业服务化对我国产业升级的影响研究。本章基于案例分析，选取国内外四个具有代表性的企业，从属类别有制造业企业，也有服务业企业，剖析二者通过服务化进程是否实现了转型提升。研究发现，无论是制造业企业还是服务业企业，以数字化为代表的服务要素嵌入对二者提质增效都起到了极大的促进作用。

第一节 IBM

一、IBM 基本情况

国际商业机器公司（International Business Machines Corporation，简称IBM）是 1911 年由托马斯·沃森在美国创立，总公司位于纽约州阿蒙克市，是全球最大的信息技术和业务解决方案公司，在全球拥有雇员超 31 万人，业务遍及 160 多个国家和地区。该公司创立时的主要业务为商业打字机，之后转为文字处理机，后期又聚焦于计算机相关的产品与服务，成为全球最大的提供信息技术和解决方案的公司。IBM 在其发展的一百多年间，作为行业标杆，多次领导产业革命，并且制定了多项行业标准，促进了行业的蓬勃发展。IBM 是一个"痴迷"创新的企业，每年在研发上投入约 60 亿美元，它分布在世界各地的研究人员每年都会取得众多创新成果，2021

年 IBM 的研究人员共获得 8682 项美国专利，连续 29 年蝉联专利榜冠军。在此过程中，IBM 也不断丰富自己的产品和服务，并完成了业务模式的完全转型。

在计算机行业，IBM 一直是引领者，其中在大型/小型机和便携机（ThinkPad）方面的成就最为瞩目。目前一直使用和发展的个人计算机（PC）标准就是由 IBM 创立的。2004 年，IBM 将个人电脑业务出售给中国电脑厂商联想集团，标志着 IBM 从"海量"产品业务向"高价值"业务全面转型。此外，IBM 还在超级计算机、UNIX 和服务器方面领先业界。IBM 在软件方面也涉猎较广，分为软件行业解决方案和中间件产品，包括业务分析软件、企业内容管理软件、信息管理软件、ICS 协作、Rational 软件、Tivoli 软件、WebSphere 软件和 System z 软件等。同时 IBM 研究院也在医学、半导体、量子力学等科学领域进行深入研究，不断与时俱进。硬盘技术、扫描隧道显微镜（STM）技术、铜布线技术、原子蚀刻技术等都诞生于 IBM 研究院。

IBM 经过百余年的创新与发展，已经不再局限于传统的 IT 产品。目前 IBM 的自我定位是云计算公司，也就是将硬件、软件和服务融为一体，向客户提供云服务。IBM 的业务主要分产品与解决方案、咨询与服务两大类。其中产品与解决方案包括自动化、AI、云计算、区块链、供应链、数据分析等；咨询与服务包括战略咨询、设计和业务咨询、技术支持服务等。IBM 的主要业务部门包括：全球信息科技服务部、全球企业咨询服务部、软件集团、系统与科技部、全球融资部。IBM 的全球能力包括服务、软件、硬件系统、研发及相关融资支持。IBM 的业务模式灵活，能与不断变化的市场和经济环境相适应，向客户提供优质的服务。

IBM 的业绩是由公司结合 IBM 的技术和专业知识为客户和合作伙伴创造价值的独特能力所驱动的。IBM 主要通过软件、咨询和基础设施创造价值。2021 年，IBM 的收入为 574 亿美元，其中 70% 以上的年度营收来自软件和咨询业务。

表 5 - 1   2021 年 IBM 主营构成

	软件	咨询	基础设施	其他
营收（亿美元）	241. 41	178. 44	141. 88	11. 79
占比（%）	42. 09	31. 11	24. 74	2. 06

资料来源：IBM 公司年报。

二、IBM 服务化表现

（一）坚持客户为先

最初，IBM 奉行技术至上，实施捆绑销售的策略，但是效果不尽如人意。随后 IBM 意识到顾客选购的并不是能用于搜集、存储、检索、分析、应用和评估信息的各类软件本身，而是一种以软件为载体进而提供业务解决方案的服务。因此 IBM 将"服务用户、方便用户、以用户为导向"引入企业文化，用客户满意度来衡量服务质量，对客户的反应做出及时反馈，并且从客户的需求出发，提供机器安装调试、设备维修、设备使用培训、及时解决客户问题等多方面服务，以最快的速度让客户满意。此外，工作人员需要定期参加培训，不断加深"顾客至上"的理念，并将其落实到具体服务中。IBM 在发展过程中，始终坚持遵守"沃森哲学"，要求其工作人员做到三个必须，即必须尊重个人、必须追求优异的工作表现、必须尽可能给予客户最好的服务。

IBM 一直在努力以更快的速度为客户及其合作伙伴创造更多价值，这也是 IBM 向"以客户为中心"的企业文化全面转变的一部分。IBM 在帮助客户解决迫在眉睫的业务问题方面拥有独特能力，能充分利用自身及生态合作伙伴的力量，为客户提供所有需要的硬件、软件和咨询服务。面对当前不稳定的劳动力市场，客户普遍希望能尽可能提升业务的自动化水平；在改善供应链方面，客户越来越依赖 AI 和预测性技术；随着网络犯罪所造成的成本攀升，网络安全也是企业十分关注的领域。面对这些挑战和机遇，IBM 是其客户值得信赖且在交付战略转型成果方面拥有出色履历的合作伙伴。

例如，IBM 帮助西班牙电信巨头 Telefónica 进行网络平台现代化改造，将 5G 技术潜力与混合云的定制化和智能化优势相结合；美国领先的电力和天然气公司 National Grid 与 IBM、波士顿动力公司合作，实时分析边缘数据，以延长设备正常运行时间，避免发生意外停电事故；澳大利亚联邦政府与 IBM 合作开发技术平台，以推进本国的新冠肺炎疫苗接种计划；IBM 咨询和 PNC Bank 共同开发下一代解决方案，帮助银行客户基于实时数据进行决策，而这成为银行业的一项重大变革。

因为始终秉持"以客户为先、致力于解决问题"的理念，IBM 的员工和技术得到了 CVS、威瑞森（Verizon）和 Anthem 等客户的持续信赖，IBM 的客户续约率不断上升，常续性营收持续增长。也正因如此，IBM 才能赢得 3800 多家混合云平台客户及近 3000 家 IBM Garage 共创客户的青睐。

（二）随需应变

"随需应变"这一概念最早是由 IBM 的首席执行官帕米萨诺提出的。帕米萨诺认为在未来通过网格计算技术等计算模式可以实现"按需计算"。人们可以计算出购买计算机的数量，进而有效地运用计算资源、提高计算机的应用效率。在"随需应变"的模式下，企业将跨国公司、合作伙伴、供应商等关键体集成在一起，可以迅速解决用户问题、把握市场机会、识别外部威胁并做出反应。

IBM 在全世界设有许多办事处，用户可以就近获得服务。当用户不方便去办事处解决问题时，也可以通过 IBM 远程服务系统来解决问题。用户可以拨打用户服务中心电话，向技术人员叙述问题。技术人员从数据库中搜寻与用户反映的问题相似或相同的情况，锁定问题的核心与解决方案，快速解决用户的问题。这是一个非常微观的可以体现出 IBM 对客户"随需应变"能力的例子。

"随需应变"在操作层面上要求 IBM 的 IT 系统具备开放性、集成性、虚拟化和自主运算能力。用户更多地注重于对现有技术的整合以及更好地与企业管理相结合，而不是一味追求技术和设备的先进性。"随需应变"的创新在于其提出了一个理念：把各个企业内部的计算机和应用程序进行集成，使其可以无缝工作，并成为一个整体。同时企业的合作伙伴和用户也是这样，面对随时可能变化的经济环境、商业模式、业务内容、竞争对手，可以迅速做出灵活合理的反应和应对，推出最优的产品和客户服务策略。

（三）构建生态系统

IBM 通过构建云生态系统整合各类工作人员资源，进而向顾客提供优质的服务。其中，应用开发人员负责开发新的应用，业务线主管负责订阅客户所需的云服务，IT 负责人负责构建、购买和管理服务。在生态系统中各方各司其职，进而销售人员可以高效地出售大量服务。客户可以选择虚拟货架上的服务，并且将这些服务汇总起来，用于创建强大的新应用和业务流程。同时客户也可以将其反映的问题通过云生态系统快速找到相关人员进行解决。

2022 年 5 月，基于在 IBM 云上提供的 IBM SaaS 服务，IBM 与亚马逊云科技达成战略合作协议，将在亚马逊云科技平台上以 SaaS 的形式提供广泛的软件产品，让企业可以选择最适合其自身需求和工作负载的混合云模式，使其能专注解决其最紧迫的业务挑战。此外，作为与 SAP 长期合作伙伴关系的一部分，IBM 正在实施全球规模最大的 SAP 企业资源规划（ERP）转型项目——向 SAP 新一代 SAP S/4HANA 平台迁移，并借助基于 IBM Cloud、Red Hat Enterprise Linux 及 IBM Power 的 RISE with SAP 解决方案加速迁移进程，以便更好地支持客户并推动公司发展。

2021 年，IBM 在全球推出了十亿美元规模的云业务拓展基金，在中国已有25家合作伙伴受益于此；2022年，IBM针对头部合作伙伴成立了云成长基金，还发布了全球合作伙伴门户（IBM Partner Portal），提供一流的数字化体验。

（四）合作伙伴计划

IBM的业务合作伙伴来自大大小小的公司，从销售IBM服务产品的公司到使用IBM服务产品的公司，从传统的转售商到云端诞生的新兴公司，以及解决方案架构设计师和部署专家。在IBM的理念里，合作伙伴的成功等同于客户的成功，而客户的成功即是IBM的成功。因此，IBM为不同类型、不同规模的合作伙伴提供其所需要的服务。IBM向合作伙伴提供符合市场需求的能力技能培训，使合作伙伴可以在竞争激烈的市场中与时俱进。

加入IBM合作伙伴计划的客户将进入一个商机生态系统，成为这个生态系统的一部分。在这里，IBM的客户可以创建智慧应用，优化云基础架构，加速数据洞察和创新。在IBM合作伙伴计划中，IBM为其合作伙伴提供了三条路径，分别为"构建""服务""销售"。"构建"这条路径适用于想要构建创新产品的合作伙伴，"服务"这条路径适用于在本地、公共云、私有云或混合云中提供服务的合作伙伴，"销售"这条路径适用于想要销售服务或销售产品和服务的合作伙伴。

在这里，IBM的合作伙伴可以获得IBM产品服务组合、培训和支持等。IBM提供的产品服务组合包括数据和人工智能、云处理、IT基础构架、安全、服务、融资和Watson等。IBM有一系列完整全面的操作体系和流程来为其合作伙伴提供服务。IBM业务合作伙伴定位器（IBM Business Partner Locator）让用户了解全球业务合作伙伴是如何使用IBM解决方案和服务实现其目标的。IBM Business Partner Locator通过使用关键术语和过滤器，按照名称、类型或行业帮助用户快速找到IBM业务合作伙伴并取得联系；IBM Business Partner Connect与Watson通过将需要帮助的合作伙伴与提供专业知识的合作伙伴即时匹配，加快合作的速度；IBM 全球解决方案目录可以协助用户寻找其需要的且适合的解决方案以及与 IBM 合作应对挑战的新方法。

在 IBM 合作伙伴计划里，IBM 推出了 Partner Packages 项目。合作伙伴可以利用其中的资源来学习、开发、测试和创建概念证明，并加快其在市场上实施和扩展解决方案的速度。目前已有超 4000 名合作伙伴签约并使用了该培训资料。

三、IBM 服务化经验

（一）提高客户让渡价值

现代市场营销理论认为，消费者的选择不只是以价格为导向，他们更会看重客户让渡价值，所以企业应致力于服务客户并使其满意。客户让渡价值是指客户购买总价值和客户购买总成本之间的差值。理想的客户会在考虑各种因素下选择使自己让渡价值最大化的产品或者服务。虽然最初 IBM 能提供市场上品质非常高的产品，但是其销售价格和方式并不是客户所青睐的，在这种情况下，客户让渡价值很小，用户对 IBM 的需求度并不高，所以 IBM 一度面临经营危机。之后，IBM 通过收购普华永道的咨询业务、剔除个人计算机业务并收购多家软件公司，使自己拥有了一套完整的服务体系，将业务全面转向服务。IBM 推出的"以客户为导向"的服务解决方案，提高了客户的让渡价值，让 IBM 成为客户的优先选择。

（二）构建合作伙伴体系

今天的 IBM 将自己定位成开放创新生态的召集人，推动混合云平台与 AI 的采用、响应客户需求，把 IBM 的技术、产品和服务带给更多的行业和客户，携手共创可持续未来。2021 年初，IBM 推出了全新的市场进入策略（Go－To－Market Strategy，GTM），旨在联合更广泛生态合作伙伴，将混合云和人工智能技术的价值带到"千行百业"。通过 IBM 伙伴生态的一系列改革，IBM 的目标是在未来三到五年内实现与合作伙伴的混合云收入翻倍增长。为了优质、高效地为客户提供应景的解决方案，IBM 正建立起一个强大的合作伙伴生态系统。这是一个由数以万计的系统集成商、独立软件供应商和第三方软件合作伙伴组成的生态网络，包括领先的互联网云厂商，如阿里云、腾讯云、亚马逊云科技（Amazon Web Services，AWS）、Microsoft Azure 等，也包括如 SAP（System Applications and products）、Oracle 等领先的软件厂商等。依托生态系统，IBM 的技术和咨询能力被进一步激发，能更好地帮助 IBM 客户共创解决方案。

（三）客户至上

IBM 在决定其经营模式向服务转型时就意识到，客户对于一个需要客户自己去组装各种零件产品的公司是不认可的。客户需求决定在市场上服务的必要性和重要性。而企业需要做到"随需应变"，从客户利益最大化角度出发，根据客户的需求有针对性地提供产品与服务。IBM 一直遵循服务至上的理念，对客户贯彻执行"四个 C"的服务标准，做到了解客户的需求、明确客户可承担的价格、保证客户购买产品的便捷性以及实现生产商与客户的双向交流和沟通。

四、启示

纵观 IBM 的发展历程，IBM 的转型是从其经营理念由"以产品为中心"转为"以客户为中心"开始的，IBM 提供整体的服务方案，提高客户让渡价值，用优质的服务和产品吸引并黏合住大量顾客。IBM 重视客户的声音，接受服务营销的策略，从客户的角度出发考虑问题，再整合自己的资源满足客户的需求。IBM 提供的服务是全方位的，充分结合信息时代下客户的需求，建立云平台和云生态系统，并逐渐形成服务产品化，在其中便捷有效地提供各种信息与服务。IBM 正集全球之力，为合作伙伴提供共拓市场、共创引领行业的解决方案所需的支持、资源和专业知识。

第二节　极飞科技

一、极飞科技基本情况

2007 年，自小就对航模和代码感兴趣的彭斌带领一群热爱飞行的好友，创办了广州极飞科技股份有限公司（以下简称极飞科技）的前身 XAIRCRAFT。自成立以来，极飞科技始终致力于将无人机、机器人、自动驾驶、人工智能、物联网等智能技术投入农业生产中，通过构建无人化智慧农业生态，让农业进入自动化、精准高效的 4.0 时代。极飞科技成立之初就以"提升农业生产效率"为企业使命，通过发挥研发与先进制造优势，不断将前沿技术带入农业生产管理中，以科技平民化、成果产业化、产品普惠化的形式，搭建起广大农业工作者与科技之间的桥梁。

极飞科技主攻农业方向，包括研发农业无人机、农业物联网设备等一系列的智能农业装备与管理系统，制造并销售农业无人机、农业无人车、农机自驾仪、农业物联网设备等智能农业装备和智慧农业管理系统。极飞科技通过构建完整的产品矩阵和数据闭环，为广大农业工作者提供精准、高效、灵活、经济的无人化生产解决方案。极飞科技的愿景是构建一个满足人类未来 100 年发展需求的农业生态系统，让全世界的人们都能获得充足、丰富和安全的食物。极飞科技一直相信科技是这个时代的最大公益，因此在农业领域不断推进数字技术的普及和应用，助力农业工作者实现农田智能化管理和无人化作业，推动农业的可持续发展，并为农村经济发展带来更大活力。

极飞科技的具体发展进程如表 5 - 2 所示。

表 5 - 2　极飞科技发展历程

年份	事件
2007	出于热爱，创始人彭斌带领一群志同道合的好友一起创立 XAIRCRAFT
2008—2010	深耕多旋翼无人机的系统研发，推出了引领行业的 X650 系列飞行器
2011	具有革命性的 SUPERX 无人机飞控系统横空出世
2012—2013	探索无人机在科考、巡检、搜救、物流等行业的应用
2014	XAIRCRAFT 正式更名为"极飞科技"，专注农业无人机的研发与制造
2015	发布第一款植保无人机，极飞农业服务公司随即成立
2016	推出第一代 P 系列植保无人机；研发 iRASS 智能离心雾化技术；成立极飞学园
2017	推出植保无人机 P20；极飞遥感无人机投入规模化使用，使中国农业生产模式开启数字化进程
2018	极飞云成为中国民航唯一许可的农业无人机管理系统
2019	推出 JetSeed 智能播撒系统，极飞植保无人机升级为农业无人机；发布农业无人车 R80、农机自驾仪 APC1 与智慧农业系统 SAS
2020	发布革命性的倾转双旋翼结构农业无人机 V40、P80 农业无人机和多版本 R150 农业无人车，聚合极飞睿图、睿喷和睿播系统，未来农业由此展开
2021	启动"超级棉田"项目，探索中国数字棉田新模式；推出革命性的睿播 2.0 智能播撒系统，开启高效精准播撒新时代；推出首款垂起固定翼 M2000 遥感无人机和多款专业农田测绘影像系统，加速农田数字化进程

资料来源：极飞科技集团官方网站、线上访谈资料与作者整理。

根据极飞科技年报统计，截至 2021 年，极飞科技智慧农业产品覆盖的国家和地区已经达到 50 个，农业无人化设备运营数量已有 82371 个，累计为农业工作者提供达 1.03 亿次无人驾驶生产服务，累计完成 9.9 亿亩农田作业面积。极飞科技人一直秉承用户至上、信守契约、终身学习、追求极致和心怀天下的核心价值观。极飞科技通过对科研、开发、制造和传播渠道的整合，不断推动机器人、人工智能和新能源技术在全球农业领域的应用和普及。目前，极飞科技已经在 20 多个国家设立了试验基地和建立了测试中心，并与中国农业大学、荷兰瓦赫宁根大学、英国哈珀—亚当斯大学、悉尼大学等知名院校建立了长期合作关系，通过科研探索、人才培养和公益合作践行农业可持续发展理念。2021 年 3 月 17 日，极飞科技完成 C轮 15 亿元人民币融资，由高瓴资本、百度资本和软银愿景基金领投，成为资本、创新工场、越秀产业基金和广州新兴基金跟投。

二、极飞科技服务化表现

(一) 以人为本的技术创新

极飞科技秉持以人为本的理念,围绕农业工作者实际作业需求,不断将前沿技术带入农业生产管理中,研发出以无人机、人工智能、物联网为核心的智慧农业科技产品,提升农业生产效率,使农业工作者更加省心、省力。

截至 2021 年,极飞科技在国内研发专利申请总数 3173 件,发明专利申请数量 1562 件,实用新型专利申请数量 1073 件,外观设计专利申请数量 538 件,研发专利授权总数 1507 件,总部研发人员比例达 60%。

极飞科技在技术研发过程中,深耕农业第一线,探索农业生产的实际需求和用户的薄弱环节,将技术创新与需求满足紧密结合。秉持以人为本的理念,极飞科技一直致力于以需求为导向的技术研发,将用户需求放在第一位,坚持优秀的技术必须以满足用户的需求为出发点和落脚点,通过自主驾驶、人工智能、信息通信、新能源、电子、工业设计等交叉学科的综合运用,寻求如何为农业生产创造更大价值。

表 5 – 3　极飞科技六大农业科技创新成果

创新技术	创新点
自动驾驶技术	通过让农业生产设备在"耕、种、管、收"全流程实现自动化作业,应对农村劳动力减少、用工成本增高等问题,提高农业生产效率,减轻劳动负担
空间数字化及图像处理技术	快速采集高精度农田地图,帮助农业工作者便捷地获取农田全局信息和作物生长数据,推动农村数字农业基础设施建设,消除数字鸿沟
智能喷洒播撒技术	利用离心雾化喷洒和精准流量控制技术,让喷洒、播撒作业过程更加精准、均匀,从而减少农用物资和化学品的使用,降低生产成本,促进农业精准化管理
智慧农业系统技术	实现农业生产全周期数字化管理,通过作物 AI 生长模型分析,辅助农业工作者科学决策,降低农业经营风险,提高经营收入
工业设计技术	遵循场景化、模块化、可靠性与效率优先理念进行产品设计,使产品满足农业工作者使用需求和使用习惯,从而实现成本、效益、便捷、可靠等性能之间的平衡,提高产品和技术的普惠性
物联平台技术	记录气候、土壤和作物生长数据,让农业工作者足不出户就能掌握农田情况,实现农作物生长过程信息的透明和可追溯

资料来源:极飞科技集团官方网站与作者整理。

极飞科技在技术创新和满足用户体验方面始终追求极致，不断为用户提供更加高效、创新的科技产品，通过技术革新与产品创新的进步，让农业生产效率得到更大提升。2021 年，极飞科技智慧农业产品的功能结构、操作体验和应用场景得到了全面升级，再次推动行业向前发展，为未来农业描绘全新蓝图。

（二）以人为本的服务体系

极飞科技坚持以人为本、普惠共享，为用户提供更加便捷、贴心的服务体验，为员工营造和谐、奋进的工作环境，与世界范围内的合作伙伴共同前行，深化合作渠道，丰富合作模式，共同描绘可持续智慧农业发展蓝图，共赴美好未来。

表 5-4　极飞科技服务体系

服务体系	服务详情
极飞关怀暖心服务	2021 年初，推出"用户关怀服务"，向分销商拨出资金支持，为用户提供免费检测、保养、换件服务，助力用户做好春耕准备
增设临时维修中心	在"统防统治"等大规模农业生产作业期间，增加技术人员投入，临时增设维修中心，为规模化作业补充维修力量，强化作业忙季的设备检修、维护服务
增派机动保障人员	主动到经销商处，培训、指导经销商进行极飞农业无人机的全面检修，带领保障人员执行实地操作，提升服务一线人员的维修能力
增设服务支援站点	增设配件仓库，以便加快区域内配件周转及发放效率，提高售后保障质量

资料来源：极飞科技集团官方网站与作者整理。

除此之外，极飞科技还完善了售后保障体系。全新的售后保障体系主要包括对服务网点、服务项目、服务团队三方面的升级。极飞科技售后保障体系升级的一大亮点，是在全国范围提供直营售后服务。极飞科技通过其 25 个直营服务站、50 个移动服务站的高效联动，以及对既有 850 个优质经销商资源的整合，不仅能第一时间为用户提供备用机服务，同时可实现在其周边 100 公里范围内响应农户关于产品维修、保障、保养等需求，并承诺在 4 小时内完成，超出时间则给予用户相关补偿。遇到产品维修问题，用户可在线实时查询距离其最近的服务点，就近送修送保，不误农时、不辍耕耘。

（三）科技扶贫

农业工作者是乡村振兴的实践主体和动力来源，只有解放和发展农村社会生产力，才能激发农村发展活力。通过技术创新，极飞科技可以向农村提供智能化装备，通过改变农业工作者的生产方式，创造更多元、更体面的劳动和就业发展机会，让农村和农业工作更具吸引力和更具魅力，不断激活乡村振兴的发展动能。

2020 年 3 月 29 日，极飞科技与山西省天镇县人民政府开展"智慧农业 + 产业扶贫"项目，通过促进农业生产智能化，带动农村经济发展，助力乡村振兴与村民致富。极飞科技向天镇县马家皂乡捐赠了农业无人机与农田传感器等设备，并为当地提供设备操作培训与种植技术指导。

为了给村民提供更多就业机会，极飞科技还联合马家皂乡党委、政府共同成立了"马家皂—极飞女子飞防队"。极飞科技植保无人机实现了无人化操作，只要能够熟练使用智能手机，就能轻松操作极飞无人机，即使是生活在经济欠发达地区和不具备人工喷药的女性村民也能轻松使用。极飞科技通过"极飞农服"植保作业平台，对天镇县周边的飞防订单进行灵活调度，帮助当地飞防队获取作业订单，快速实现本地化、常规化运营，逐步为村民致富"造血"。极飞科技对乡村科技的赋能主要体现在以下三个方面。

第一，帮助小农户实现大丰收。小农户作为农业生产经营的重要组成部分，是保障粮食安全和农产品有效供给的重要力量，但由于资金、技术和设备等方面的限制，其生产力往往较为落后。极飞科技通过将更加智能、普惠的生产设备带入农村，帮助大量小农户持续提高农业生产经营效率、减轻劳作压力、增加农业收入，让小农户也能参与到现代化进程中，共享现代化成果。

以防治农田病虫害为例，以往的小农户由于缺乏高效便利的工具，打药成为一项复杂且繁重的工作。2021 年，江苏省徐州市的农户孙会在种植小麦、玉米等农作物时，为了有效防治农田病虫害，让打药变得更方便，在农田里使用极飞农业无人机，只需轻点手机，就可以遥控变换无人机的高度、速度和方向，一台无人机只要 6 分钟就能完成 30 亩玉米地的农药喷洒作业，操作便捷又节省时间。

灵活轻便、易于操作的农业无人机，可以帮助小农户更加精准、省药、省力地开展植保作业，不仅有效保障了作物产量，也加速了无人化技术在农村地区的普及与推广。在中国，有许多像孙会一样的小农户，通过使用极飞科技的技术和产品，逐渐转变粗放的农业经营管理方式，在降低劳动强度的同时，实现了保产增收，提高了经济收入。

第二，创造农村多元就业机会。长久以来，农村经济相对落后，产业发展缓慢单一，农村青年多流向城市寻求就业机会，农村劳动力不足的问题越发显著。极飞科技在以技术和产品助力农业发展的同时，催生了无人机飞手、无人机教员等新兴岗位，帮助许多农业工作者完成职业转换，让他们在田间地头获得体面工作，在实现个人自我价值提升的同时，也为家乡发展带来新的机遇。

第三，科技赋能青年回归农业。科技改变生活，同时也改变着年轻一代的思想。极飞科技致力于改变农业生产模式，通过智能设备和智慧系统减少农业工作者繁重的体力劳动，利用数字农业技术提高农业生产的科学性与效率，让农业逐渐从劳动密集型产业向知识和技术密集型产业转型。这在一定程度上是一种"无声胜有声"的革命，告诉青年们，有一种更酷、更简单的生产方式回归农业，从而缓解农村人口老龄化和"空心化"问题，为激活农村产业、助力乡村振兴贡献一份绵薄之力。

（四）赋能农村女性发展

性别平等问题是当今社会各界关注的焦点。在农业领域中，女性扮演着十分重要的角色，同时也承担着繁重的劳作任务，但往往由于资源有限和机会的不平等，女性不能充分实现个人价值。极飞科技通过技术创新，减轻农业生产对体力的依赖，为女性平等参与农业生产各环节创造机会与条件，让女性的劳动价值更加显现，更好地展现农业科技领域的"她"力量，推动实现农村地区的性别平等。

90后的陈丽华是使用极飞智能化设备的代表用户，也是广东省肇庆四会华亿农业公司的负责人。大学毕业后，心系自家产业的她了解到极飞科技的农业无人机和物联网设备，将其引入自家1000亩水稻田的管理当中，不仅大大地节约了人力成本，还提高了农作物的生产效率。如今，陈丽华不仅可以熟练操作无人机，还面向社会开展教学课程，成为当地农业科技的"代言人"。

三、极飞科技服务化经验

（一）农业无人机：耕作"精细化"和运作"无人化"

极飞科技自创办以来一直专注服务农业工作者，使智慧农业加速普及。早在2013年，在大家对无人机用途的印象还停留在航拍摄影上时，极飞科技就将目光投向了新疆棉田。农业无人机的出现给新疆农业带来了崭新的变化，"精细化"和"无人化"的完美结合，成为打开智慧农业的一把钥匙。极飞科技的农业无人机经过多次更新迭代，变得越来越智能、越来越契合农业需求，真正实现了农业生产的降损、节流、提效、赋能。

极飞科技在技术创新和满足用户体验方面始终追求极致，不断为用户提供更加高效、智能的科技产品，通过技术革新与产品创新的进步，使农业生产效率大幅提升。

（二）智慧农业：培养"新农人"走向"智慧化"

伴随着社会的进步和科学技术的发展，农业逐渐由以人力和畜力为主的传统农业演变成以数字技术为驱动力的智慧农业。在为农业工作者提供智能化生产设备的同时，极飞科技通过搭建互动交流平台、开展培训活动等多种形式，帮助农业工作者提升知识储备和技能水平，吸引更多人参与到农业创新的浪潮中，为智慧农业的发展提供人才支撑。

农业现代化与数字化的发展进步离不开新型农业工作者，培育一大批有文化、懂技术、善经营、会管理的新型职业农业工作者是至关重要的。一方面，极飞科技利用目前的主流媒体，如微信公众号、抖音及快手短视频等线上平台，进行农业生产和无人化设备操作知识的传播与宣传；另一方面，极飞科技积极组织各种线下技能培训和技术交流活动，通过将线上理论和线下实践相结合，帮助农业工作者提高农业技能，培养现代农业人才。

随着现代农业的不断发展以及乡村振兴的持续推进，对创新型、复合型农业人才的需求也逐渐增大。多年来，极飞科技一直致力于培养创新型农业人才，并与许多高校发起了校企合作项目，帮助建设智能机器人二级学院，通过开设无人驾驶产业相关课程和项目、支持农业机器人大赛等多种渠道与形式，吸引更多人才投身于农业技术创新，助力高素质农业科技人才成长，为乡村振兴和农业现代化注入强劲力量。

（三）服务体系："极飞关怀"保障利益

深入农田，了解农业需求，极飞科技不仅在农忙时节提供 24 小时在线服务，以及配套的售后保障系统，还设置了直营移动服务站，直接在室外提供快速维修服务。这些售后环节的服务成为极飞科技深耕存量、开拓增量的重要保障。除此之外，极飞科技还走近农业工作者，从发布"长城皮卡"到推出全新的售后系统，敏锐地洞察农民的真正需求，提升农业无人机后续使用的便捷性与持久性，从产品端和用户端两方面推动农业的发展。

为了保障用户安全和健康，极飞科技高度重视产品使用的安全与健康，制定了各类作业操作指南和设备使用规范，详细向用户说明作业过程中的注意事项，明确作业中可能涉及的风险点，通过规范指导用户以正确、安全的方式使用农业无人机，最大程度降低风险，保障用户使用安全。

极飞科技在关注农业无人机产品本身的同时，越来越重视用户服务，以用户为主导进行产品设计和升级，使数字技术真正赋能于农业工作者，在降低农业生产成本的同时提升生产效率，助力乡村振兴。

四、启示

近年来，极飞科技积极落实联合国可持续发展目标的行动措施和关键成果，从乡村振兴、促进粮食稳产增收、应对气候变化、助力农村女性创业、培育智慧农业人才、抗疫救灾等多方面体现了"提高农业生产效率"的坚韧使命。

自 2007 年创立以来，极飞科技不断通过技术创新提高农业生产效率，以人为本，守护粮食安全，运用普惠性的技术赋能女性发展，传递出其对自身社会责任的深刻理解。

实践证明，极飞科技的数字化、精准化、智能化解决方案可以对农业进行全面管理，包括管人、管农资、管农艺、管农事，连接产前、产中、产后全过程，实现规模化、标准化、集约化、品牌化，从而助力智慧农业建设。

第三节　巴比食品

一、巴比食品基本情况

巴比馒头是中国知名的早餐连锁品牌，目前隶属于中饮巴比食品股份有限公司（以下简称巴比食品）。2003 年第一家巴比馒头门店开业，2005 年巴比馒头启动加盟连锁业务，创始人希望能出现一个像 KFC 的中国早餐品牌。巴比馒头围绕成为"中华包点领导品牌"的战略目标，坚持"顾客满意、员工愉悦"的经营理念，采取品牌化经营、产品工业化生产、连锁化门店销售、团体供餐、线上线下全渠道销售的商业模式，满足消费者在家消费、到店消费、到食堂消费的消费场景。开放加盟后，巴比馒头的市场定位发生了改变，从包子连锁的经营者变成中式面点制造商。巴比馒头主要营收来源分两部分：销售包子、原料收入；加盟费、管理费收入。

经过十几年的发展，2020年10月，巴比食品在上海证券交易所主板上市，成为"中国包子第一股"。巴比食品以每股12.72元的价格发行，发行市盈率为22.99倍。2022年10月，巴比食品股价已涨至26元。上市两年间，巴比食品连锁门店数量从2951家增长到3852家，新开门店近1000家，包点每年多卖出4亿只，每日服务近200万名顾客。巴比食品盈利能力持续提升，年销售额超过10亿元。从2022年半年度业绩报告中可以看出，巴比食品2022年上半年营业收入为6.85亿元，同比增长15.19%；团餐业务超预期发展，同比增长达108.06%；上半年净利润为9306.8万元，净增长61.23%，在逆势中掀起"巴比现象"，为遇冷的餐饮行业注入强心剂。

巴比食品专注于中式面点的研发、生产与销售，是一家"连锁门店销售为主，团体供餐销售为辅"的中式面点速冻食品制造企业，涵盖产品研发、生产和销售的全过程。巴比食品目前已在上海市、广州市、天津市、南京市投入十几亿元建设透明化中央工厂，满足各地市场需求和发展，保证食品安全；已形成成熟的、可复制的品牌性连锁管理体系，中式面点工业化生产管理体系，通过可视化全天候生产流程监控与严格的营运操作标准，确保食品从田间到餐桌的安全放心；新增南京智能制造中心，并推进建设武汉智能制造中心项目，打开华中市场，进一步加速经营业务的全国布局，并且获得政府和行业的高度认可。巴比食品目前已开设3000多家巴比早餐连锁门店，范围覆盖华东、华南、华北及华中地区的重要城市，每天为数百万名顾客提供安全、放心、健康的早餐食品。

二、巴比食品服务化表现

（一）加盟服务

巴比食品的主要销售模式是与加盟商签订特许经营合同，向其授权在规定的区域内开设加盟门店。加盟门店可以使用公司的商标、商号、经营技术，遵循公司的食品安全标准，销售巴比食品提供的产品和服务。巴比食品将面点成品产品、馅料产品、外购成品销售给加盟门店，加盟门店直接将从巴比食品购买的成品或利用从巴比食品购买的馅料加工成符合要求的成品后再销售给终端客户。同时加盟收入也是巴比食品公司的主要收入来源，根据2021年年报可知，特许加盟销售实现收入为11.21亿元，占主营收入的81.55%，同比增加37.93%。

目前，巴比食品的加盟模式有三种，分别是现制现售模式、成品模式和现制现售 + 成品模式。现制现售模式是由中央工厂统一生产馅料，运送至门店，全程冷链配送、GPS定位、温度在线监测。馅料送至门店后，门店根据包点制作要求，现场制作、醒发、蒸制和出售。成品模式是由中央工厂统一制作成品面点并配送至门店，门店只需解冻醒发便可直接蒸制，在保证产品品质的同时，为门店大大节省人力成本。现制现售 + 成品模式是由门店根据实际情况，选择将成品模式和现制现售模式相结合。这种模式操作不仅便捷，还可大大提升效率，保证产品品质。

巴比食品本着合作共赢的发展理念，为加盟商提供全方位服务，包括开业前协助选址、装修、办证；开业时，对加盟门店人员进行技术和策划营销辅导；开业后，对加盟店人员定期培训，督导管理。此外，为适应目前人们快速的生活消费节奏，巴比食品向加盟商提供专业的外卖团队，免费提供外卖运营支持，助力加盟商利润再创新高。同时巴比食品还设定了18家加盟门店为"巴比带训门店"，增强加盟商的培训效果，为加盟商们

提供实操训练，使加盟商更符合门店运营要求。图 5 - 1 为巴比食品加盟
流程。

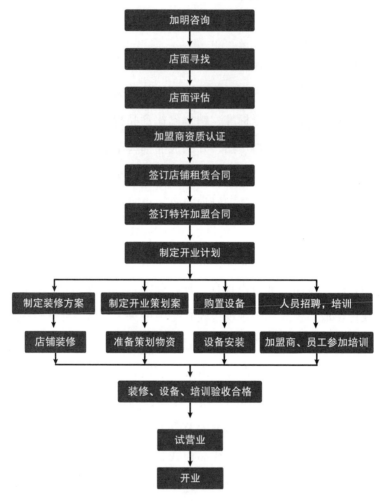

图 5 - 1　巴比加盟流程

资料来源：巴比馒头官方网站与作者整理。

（二）食品安心

随着社会不断发展，人们对食品的要求也逐渐从"吃得安全"转变为
"吃得健康"，对食品的安全、营养、健康提出更高要求。巴比食品自成立
以来就一直非常重视食品安全，始终与行业顶级供应商合作，进一步实现

全自动化流水线生产模式。巴比食品中央工厂制作场景公开透明，流程规范明确，检测严格负责，从每个环节保证食品安全卫生，最大程度维持食品新鲜度。巴比食品配置专业质量管理团队和 500 平方米的食品化验检测中心，从源头把控、生产过程、出厂检验、仓储运输等环节进行 CCP（Critical Control Point，关键控制点）全程监控。

2014 年，巴比馒头在上海松江区车墩镇建设新工厂，并开启了"中央厨房"项目，这是首个标准化的"完全透明"的工厂。通过在工厂的各个角落安装视频监控并通过网络传播来实现透明化，从原材料进厂到食材加工清洗，再到成品、半成品出货，这一系列的制作过程全天 24 小时在网上"直播"，顾客可以随时监督制作过程，让他们吃得放心，吃得安心。

（三）团餐定制服务

除了零售之外，向企业提供定制化的产品和服务也是巴比食品重要的销售渠道。团餐是目前巴比食品公司着重发展的方向之一，根据 2021 年公司年报可知，巴比食品团餐销售收入为 2.15 亿元，占主营收入的 15.62%，同比增加 61.21%。巴比食品的华东大客户事业部拥有一支专业的团队，主要服务工厂、企业、学校、医院、政府、连锁餐饮、便利店、KA 等团餐市场客户，与几百家业内知名企业达成长期稳定的合作，为几百家食堂提供面点食品。巴比食品的合作伙伴，包括中国航天等十几家大型企事业单位、吉祥馄饨等十家在市场上规模较大的连锁餐饮、711 等四家连锁便利店、华住酒店集团等旗下众多品牌的酒店以及家乐福等大型渠道商等。作为中式面点的行业专家，巴比食品拥有先进的中央工厂和强大的研发实力，可以为客户定制、生产加工各类中式面点与馅料，满足客户个性化需求。

巴比食品入驻众多大型企业的食堂，根据企业员工的爱好和需求为其提供新鲜美味的中式面点与服务。例如，在特斯拉公司的食堂里就有巴比食品，巴比食品会在特斯拉公司食堂提供新品优先品尝、单品特殊折扣等福利，配合特斯拉的需求提供紧急加单服务，为特斯拉企业员工提供营养搭配均衡的套餐。另外，巴比食品还提供打包回家和节假日专属礼包组合等服务，方便企业员工与家人共享巴比包点。巴比食品入驻企业食堂，可以让企业员工吃得健康又安心，同时还可以节约企业的人力和物力成本。

（四）新零售合作

在与一批知名的便利连锁、酒店连锁、餐饮连锁建立业务合作的同时，巴比食品还与一批优秀的生鲜电商平台，如盒马鲜生、叮咚买菜、美团买菜、同程生活、每日优鲜、兴盛优选等建立了战略合作，以满足消费者在家消费的需求。巴比食品在 2022 年与新零售标杆盒马鲜生展开深度合作，巴比食品的产品将会上线盒马鲜生，凭借巴比食品多年实体门店对消费者口味的研究，以包子、馒头等拳头产品为巴比食品在盒马鲜生渠道打开销量。与盒马鲜生的合作，为巴比食品未来面点食品从供应链到消费者服务打开新的模式和可能。巴比食品根据企业实际需求，通过中央工厂的优势把每一处细节做到位，如巴比食品根据盒马鲜生消费人群的消费习惯，为盒马鲜生定制短保预包装产品，并且在包装规格以及包装外观上，提供个性化定制服务。

（五）共享早餐与流动房车

巴比食品为了满足不同人群对早餐的多样化需求，推出了满足消费者营养需求的五款共享健康早餐套餐，包括针对青少年人群的"儿童营养餐"、满足都市人群的口味需求创新搭配的"元气套餐"，还有"老人关爱套餐""人气套餐"等，以满足消费者多层次、个性化、高品质的需求。

巴比食品从实际出发，为解决上海上班族因起床晚错过吃早餐的问题，同时响应上海市政府提出的早餐工程升级号召，推出了"房车版"流动餐车，为上海市民提供 8 大类 50 余款丰富早餐。餐车的食品定价亲民，售价与巴比食品郊区门店售价保持一致，人均只要消费 6 至 10 元便可以买到一份营养美味的餐点。餐车不仅提供早餐，而且经营时间从早上六点一直持续到晚上七点。

流动餐车"麻雀虽小，五脏俱全"，车内布置了存储区、展示售卖区、加工区、垃圾存放区等功能区域，配备巴比食品新模式蒸箱、豆浆机、冷柜等设备，现制现售一车搞定，早餐时段可以提供1000人份的食品。同时，巴比食品还根据消费者的需求、口味不断优化菜单、完善供应方式，提升出餐速度和服务品质，提升顾客满意度。例如，巴比餐车与互联网结合，推出"网订车取"功能，消费者可以使用"巴比商城"微信小程序，在自助点餐的页面选择"巴比移动餐车"选品下单，实现"上班途中下单，顺路取餐"。这既为上海市民提供了健康安全、美味放心、价格实惠的早餐，又为其节约了时间。

（六）食品多元化趋势加强

巴比食品在十几年的发展中坚持品种创新，不断开发新的食品种类和口味，目前已经有鲜包类、馒头点心与饼类、米制品系列、饮料与粥类，以及锁鲜系列等百余种食品，门店特色鲜汁肉包、麻辣小龙虾包、香菇菜包、小猪奶黄包和豆浆等食品受到消费者好评。

巴比食品一直关注消费者的实际需求，不断提升食品特色。随着人们生活水平的提高，消费者对速冻食品的需求不断增加。但是在C端市场，大部分速冻面点产品保质期为一年左右，长时间的冷冻使其口感及新鲜度大打折扣。基于消费者对新鲜、健康的食品需求，巴比食品于2020年推出保质期为30天的短保锁鲜速冻食品，包括水饺、煎饺、包子等面点。消费者将其买回家无须解冻，可以直接蒸、煮、煎，操作简便且健康卫生。除此之外，"一人食"的包装与口味也更加迎合90后、00后消费者的诉求。此外，为了满足年轻人对新奇口味的追求，巴比食品还率先在行业内推出螺蛳粉口味饺子，获得了美食博主的大力推荐。

三、巴比食品服务化经验

（一）追求客户满意

巴比食品的企业文化是"客户的满意是我们永远的追求"。巴比食品始终把客户的需求放在第一位，坚持与一流的供应商合作，打造一流的产品；考虑到不同客户群体的需求，为其提供定制化和更多针对性的服务，力求让大型企业类消费者以及在门店购买早餐的消费者都能满意。消费者对产品和服务满意是一个企业能持续发展下去的必要条件之一。企业需要不断洞察市场和消费者的需求和痛点，调整或创新自己的产品适应时代的变化，更具针对性地满足消费者需求并解决痛点，用细致的服务满足消费者的需求进而积累忠实消费者，扩大企业在消费者群体中的知名度和传播度，增加企业产品的销售数量，提升企业在行业中的地位。

（二）注重食品安全

目前，人们十分注重食品安全，而作为食品企业，巴比食品始终与一流的供应商合作，打造一流的产品。巴比食品与安琪、家乐、恒天然、海天、雀巢、益海嘉里、中粮等行业顶级厂商保持合作，让消费者吃得安心，吃得放心。巴比食品中央工厂规模化、标准化、专业化的生产模式，保证了食品品质的统一，保障了食品的健康安全。巴比食品数字化、信息化建设体现在对食品安全的严格管控上。原材料全部选用行业内一流品牌，只有在质检达标后才能入库和出库，同时质检也贯穿于生产过程的每一个环节。另外，巴比食品设立"透明厨房"，让顾客可以实时监督工厂的卫生安全。

（三）结合互联网

在数字化时代，一家企业想要做好服务化离不开互联网技术。巴比食品通过与华为云展开深度合作，实现基于华为云的统一系统运维，并为其自身数字一体化提供稳定、统一的运行环境。在组织管理方面，巴比食品大力推动各部门进行工作目标管理及过程追踪，夯实管理基础，提升组织的运营效率和战略执行力。2021 年，巴比食品上线了移动采购平台，实现与供应商采购信息的协同，升级智慧配送平台（TMS 系统），实现了物流车辆配送动态实时跟踪及车辆装载实况看板能功能，极大提升了自身的物流管控水平。巴比食品开发出自己的商城 App，消费者可以预先下单，再前往门店取货。利用大数据分析，App 还会根据消费者的消费习惯，推送科学饮食建议，有助于消费者实现合理饮食目标。

四、启示

对于食品行业，食品安全是第一位的。在确保食品安全下，企业要把消费者的需求放在第一位。根据消费者的需求，企业不断创新营销模式和食品种类，如向消费者提供定制化服务、创新符合年轻人口味的包点等。在向消费者提供食品的同时也服务到消费者的需求，是企业服务化的表现。在数字化时代，企业还要将自己的食品和互联网相结合，为消费者提供更便捷、更多样的购买渠道和方式，也是食品企业服务化的表现之一。

第四节　极兔速递

一、极兔速递基本情况

2015 年 8 月，极兔速递（J&T Express）成立于印度尼西亚首都雅加达，是东南亚首家基于互联网发展的科技创新型快递企业。极兔速递以电商快递配送为核心，业务涉及快递、快运、仓储及供应链等多元化领域。得益于印度尼西亚电商市场的飞速发展，极兔速递在印度尼西亚快速崛起，成立两年就成为印度尼西亚单日票量第一的快递公司，并在接下来的几年内迅速扩张到马来西亚、越南、菲律宾、泰国、新加坡、柬埔寨等国家，成立四年就实现了对东南亚七国的业务覆盖，成为东南亚的龙头快递企业。

表 5-5 《2022 年中全球独角兽榜》前 16 名

排名	排名变化	企业名称	价值（亿元人民币）	价值变化（亿元人民币）	国家	城市	行业
1	0	抖音	13,400	−10,050	中国	北京	社交媒体
2	1	SpaceX	8,400	1,680	美国	洛杉矶	航天
3	−1	蚂蚁集团	8,000	−2,010	中国	杭州	金融科技
4	0	Stripe	4,100	−2,210	美国	旧金山	金融科技
5	11	Shein	4,000	2,680	中国	广州	电子商务
6	15	币安	3,000	2,010	马耳他	马耳他	区块链
7	1	Databricks	2,500	0	美国	旧金山	大数据
8	3	微众银行	2,200	200	中国	深圳	金融科技
9	2	京东科技	2,000	0	中国	北京	数字科技
10	11	Checkout.com	1,900	870	英国	伦敦	金融科技
11	−2	菜鸟网络	1,800	−470	中国	杭州	物流
12	−6	Canva	1,750	−940	澳大利亚	悉尼	软件服务
13	−3	Revolut	1,650	−540	英国	伦敦	金融科技
14	New	Citadel Securities	1,500	New	美国	芝加哥	金融科技
14	1	BYJU's	1,500	70	印度	班加罗尔	教育科技
16	94	极星	1,300	1,010	瑞典	哥德堡	新能源汽车
16	0	极兔速递	1,300	0	印度尼西亚	雅加达	电子商务
16	0	小红书	1,300	0	中国	上海	软件服务
16	−3	FTX	1,300	−340	巴哈马	拿索	区块链
16	−9	Instacart	1,320	−1,270	美国	旧金山	快递

资料来源：胡润百富。

2019年下半年，极兔速递开始拓展中国市场，通过收购上海龙邦速递有限公司获得了中国内地快递物流的营运资格，并于2020年3月在中国正式起网，9月在全国省市的网络覆盖率就达到了100%，在开拓中国市场的第一年就实现了全网日均单量2000万的目标。2021年10月，极兔速递以68亿元（合11亿美元）的价格收购了日单量2400万的百世集团国内快递业务，市场份额大幅提升。2022年5月，极兔速递的日均单量已经超过了4000万票，成功跻身中国物流行业的头部梯队。

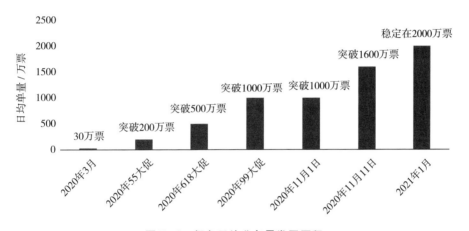

图5-2　极兔日均业务量发展历程

资料来源：罗戈网。

在深耕国内市场的同时，极兔速递致力于实施全球化战略，布局全球快递网络。随着2022年6月极兔埃及的正式营业，极兔速递在全球的快递服务网络拓展至13个国家，投产的大型智能转运中心290余个，运营的网点超22000个，并拥有10,000余个网络合作伙伴，服务人口超25亿。在胡润研究院发布的《2022年中全球独角兽榜》（表5-5）中，极兔速递以1300亿元的估值位居全球第16位，在物流领域仅次于菜鸟网络。

表 5-6　极兔起网历程

	起网国家	起网时间
亚洲	中国	2020 年 3 月
	越南	2018 年 7 月
	马来西亚	2018 年 8 月
	菲律宾	2019 年 3 月
	泰国	2019 年 3 月
	柬埔寨	2019 年 10 月
	新加坡	2020 年 1 月
	沙特阿拉伯	2022 年 1 月
	阿联酋	2022 年 1 月
	印度尼西亚	2015 年 8 月
美洲	墨西哥	2022 年 2 月
	巴西	2022 年 5 月
非洲	埃及	2022 年 6 月

资料来源：极兔速递官网。

二、极兔速递服务化表现

极兔速递是集跨境物流、智慧运输、供应链、科技研发为一体的综合性全球物流服务商。极兔速递着眼于客户需求，秉承"客户为本、效率为根"的宗旨，凭借强大的信息化系统技术研发水平、智能化的基础设施和数字化的物流网络，为客户提供高效率、可视化、一体化的全场景物流解决方案。

（一）注重科技研发

作为东南亚首家以互联网配送为核心业务的科技型快递企业，极兔速递以智能化、数字化、可视化的物流服务著称，加速推动大数据、云计算、物联网等先进信息技术与快递物流活动深度融合，实现传统货物运输向现代智能化物流转型升级。极兔速递十分注重自身研发创新能力的培养，研发了高效的 JMS 系统（J&T Management System），在线集成从下单、收取到结算的全过程，涵盖了客服工单管理、运力管理、JMS 运营核心、呼叫中心、手持终端管理、分拣支持、客户关系管理、管理报表类八大系统，为操作人员提供了高效的运营管理终端，服务效率大幅提升。此外，极兔速递自主开发的运力调度云端系统，对快递运送的全生命周期进行跟踪控制，7×24 小时不间断实时收集车辆数据，跟踪车辆在途状况，并分析预测到达时间，实现服务前置，使客户可以随时主动了解到快件的运送状态信息，掌握运达目的地的全过程，优化客户体验。

（二）触达全球的高效服务网络

2015 年，极兔速递的创立伴随着东南亚产业数字化浪潮，成立两年成为东南亚市场票量第二、印度尼西亚单日票量第一的快递公司。2020 年，极兔速递走出东南亚市场，在中国起网运营，仅 6 个月就实现了全国省市核心城市的网络全覆盖，并立足国内，向外扩张，把目标瞄向了中东、拉美和非洲等地区，开始布局全球物流网络，不断完善偏远地区的网络建设。

为了保障向客户提供高效便捷服务，极兔速递持续推进智能设备的升级和管理系统的优化，全力打造高效、智能的分拣体系。截至 2022 年 4 月，极兔速递在全球范围内运营的大型转运中心超过 290 个，设立了逾 22000 个网点，有效缩短了快递中转的滞留时长，实现了物流网络运转效率的有效提高。极兔速递还组建了专业的运输干线规划团队规划运输干线，仅在国内就规划了超 2100 条干线线路（数据截至 2022 年 3 月），促进了运输干线与支线的高效衔接，提高了运输时效。2020 年 12 月，极兔速递在沿海城市启动国际快递业务，与多家国际货代公司、国际航班达成合作。2021 年 3 月，极兔速递首架全货机在印度尼西亚起飞，正式打入航空货运市场，加速布局航空和海运网络。2022 年 8 月，极兔速递与拥有 2000 余条国内国际航线的海航货运达成协议，在全球范围内开展航空物流合作，全力打造联结全球的物流体系，促进了国内外市场的联通，提高了提供全球服务的能力，使各种运输方式能互联互通、高效协作，实现国内外快捷收派，国际快递也能一单到底直接送达目的地，提供高品质的门到门服务。

（三）全链路闭环服务，提供一体化解决方案

受全球数字化转型的影响，电子商务作为数字经济最活跃、最集中的表现形式之一，在全球各地的渗透率大幅提升，促进了我国传统商贸结构的转型升级，跨境电商成为我国对外贸易的主流。同时，随着 RCEP 的正式生效、共建"一带一路"的推进实施，利好政策不断加码，跨境电商企业获得了更多政策上的便利，行业发展再次提速。2022 年上半年跨境电商交易规模达 7.1 万亿元，预计 2022 年将达 15.7 万亿元。作为跨境电商的重要组成部分，快递物流业是推动流通方式转型、促进消费升级的现代化先导性产业。自 2014 年以来，我国快递市场按业务量计算一直是全球最大的市场。2021 年，我国快递业务量突破千亿件，达 1083 亿件，日均快件处理量近 3 亿件，最高日处理量达到 6.96 亿件，快件数量占全球一半以上。

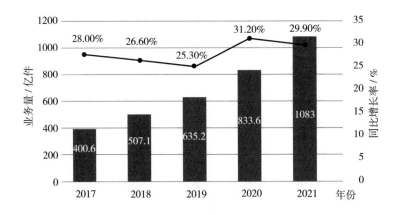

图 5－3　中国快递量及同比增长率

资料来源：国家邮政局官网。

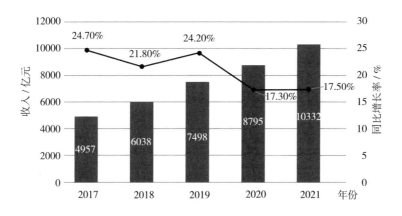

图 5-4 中国快递收入及同比增长率

资料来源：国家邮政局官网。

　　极兔速递致力于成为全球领先的国际物流综合服务商，基于跨境电商的行业现状和实际需求，凭借强大的全球物流资源和完善的业务布局，利用自身的技术研发优势，满足国内市场联通海外的需求，为跨境企业提供定制化的全链路综合物流解决方案，助力跨境电商的高速增长。对于跨境企业来说，物流是在复杂多变的全球供应链环境中获得竞争优势的关键。目前极兔速递的头程揽收服务覆盖了中国 100 多个城市，提供上门揽收服务，保障企业出海第一节点畅通无阻。此外，极兔速递在东南亚及欧美的 9 个国家自建海外仓，自有末端覆盖了中东、东南亚、非洲等多个地区，凭借直接与航空公司、船运公司合作的优势，完善空海物流网络，加速了全球物流的互联互通。依托所拥有的稳定可控的节点资源，极兔速递不断进行产品与服务的创新和优化，充分发挥自主清关、自建海外仓储及自有末端派送实力的优势，提供"一站式"服务，实现从发件、干线清关到末端配送网络的全链路闭环。此外，极兔速递还打造了数字化的智能物流平台，帮助客户更好地管理库存、掌握业务运营状态，全程品质监控，以端到端的履约效率提高竞争壁垒，提升跨境物流供应链的管理效率，通过专业的服务帮助客户优化供应链，解决时效、成本及售后问题，助力客户在全球市场获得竞争优势的同时，赋予极兔速递自有的跨境产品发展动力。

（四）针对客户需求，提供多元化的服务产品

极兔速递为客户提供高度定制化的寄递服务，充分洞察区域市场及客户的需求，根据当地实际情况提供多样化的产品及增值服务。例如，针对欧美客户发货规模大、发货频率高、物流成本波动大等问题，极兔速递推出了"极兔旺宝"服务。"极兔旺宝"聚焦于跨境物流速度和性价比两大核心问题，依托极兔速递跨境全链路资源优势，从价格、时效和物流稳定性入手，为客户带来价格优惠、时效稳定的跨境轻小件寄递服务。

此外，为了解决跨境电商存在的信息、物流、退货机制及支付等痛点，极兔速递推出了集运服务，依托专业的物流与清关团队，通过简易高效的转运系统，多样快捷的清关模式，专为全球用户提供国内仓储、跨境运输、出入境清关、海外派送等门到门的专业海淘转运服务。同时极兔速递还在深圳设立了大型集货转运仓库，开拓了多个地区的转运专线，全程轨迹可追踪，实时监控理货，支持拆包清点、加固、控泡等客户需求，并与国内外多个电商平台达成战略合作关系。

在东南亚地区，极兔速递除了提供标快、特快等常规快递服务，还推出了极兔 24 小时达、极兔生鲜等专项服务，以及覆盖最广的货到付款服务；在新加坡提供"一站式"电商物流、4 小时快递等服务；在马来西亚提供仓储、海运等服务；在不同区域开展签单返还、保价、特色农产品派送、逆向物流等特色增值服务。

三、极兔速递服务化经验

（一）服务化成效

在打开中国市场后，2021 年，极兔速递开始聚焦于提高服务质量、优

化客户体验，迈入"稳量求质"的新阶段。在中物联（中国物流与采购联合会）发布的2022年第二季度中国物流服务品牌指数排行榜中，极兔速递首次进入十强榜单并位列第六；在服务能力排行榜（图5-5）中，极兔速递以82.97分冲入前三名。2022年7月，极兔速递被中物联评为"5A级物流企业"。2022年8月，极兔速递首次入围中国民营物流企业50强，并位居第八。此外，在《中国企业家》杂志发布的"2022年度21家高成长性创新公司"榜单（表5-7）上，极兔速递名列榜首。极兔速递不断增强自身的硬实力和软实力，提高综合物流服务能力，加快服务化的进程，服务质效稳步提高。

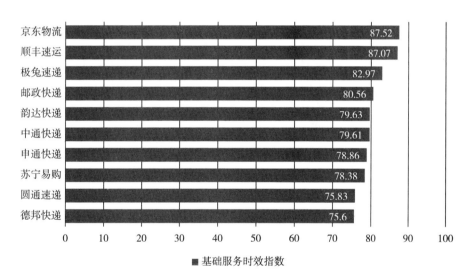

图 5-5　服务能力排行榜

资料来源：中国物流与采购联合会官网。

表5-7　2022年度21家高成长性创新公司

序号	公司简称	主营业务
1	极兔速递	物流
2	领添科技（Sheln）	跨境电商
3	青藤云安全	安全云
4	云鲸智能	智能家居

续表

序号	公司简称	主营业务
5	Momenta	自动驾驶
6	中创新航	锂电池
7	特来电	充电设备制造、充电网运营
8	黑芝麻智能	自动驾驶计算芯片
9	赢彻科技	自动驾驶卡车技术
10	壁仞科技	通用 GPU 芯片
11	燧原科技	人工智能芯片
12	海柔创新	智能仓储
13	星辰天合	软件定义存储
14	一夫科技	节能环保
15	奥动新能源	换电技术、换电运营服务
16	认养一头牛	乳品
17	镁伽科技	生命科学智能自动化
18	蕉下	城市户外
19	思谋科技	先进制造
20	吉因加	肿瘤基因检测
21	信念医药	生物医药

资料来源：《中国企业家》官网。

（二）服务化成功因素

1. 完善的基础设施，夯实硬实力

完善的基础设施是快递物流行业服务效率的重要支撑，也是企业硬实力的体现。极兔速递十分重视基础设施的建设，投入大量资金夯实硬基础。2020 年，相比老牌的快递企业，极兔速递在中国的基础设施薄弱，末端网点不足。2021 年，极兔速递宣布收购百世快递，根据协议，百世速递将把中国区相关公司的股权、资产、网点、转运中心、人员、技术、系统等转让给极兔速递。据统计，收购前百世快递的原有市占率约为全国的 7% ~ 8%，收购后极兔速递的市场占有率达到 10% ~ 15%，市场份额大幅增加。同时两网融合能加速发展极兔速递的网络体系，补齐其基建和网络

末端建设的短板，提升其前端、末端环节揽件和派件的效率，降低其单票运输成本。此外，极兔速递获得了大量优秀的快递人才，基本盘更加稳固，竞争力快速提升，为后续布局全球网络打下了坚实的基础。

截至 2022 年 4 月，极兔速递在美国、新加坡、阿联酋等 19 个国家建立了分公司，在印度尼西亚、菲律宾、泰国、马来西亚、美国等多个国家自建海外仓，末端网络覆盖中东、东南亚、非洲等地区的 13 个国家，在全球设立的服务网点超过 22000 个，运营 290 多个大型转运中心，拥有超 5000 辆干线运输车辆和逾 35 万的服务人员，为亚洲、欧洲、非洲、美洲等 86 个国家和地区的 25 亿人口提供服务。2022 年 8 月，极兔速递宣布在印度尼西亚扩建两个转运中心，扩建后的两个转运中心各占地约 20000 平方米，建筑面积均超过 12000 平方米，预计分别于 11 月和 12 月正式投入运营。

2. 坚持全球化战略，布局全球网络

极兔速递始终坚持全球化的战略，促进国内国外协同发展，对内资源整合提高服务质量，对外扩大出海范围布局全球网络。作为在海外起网随后发展国内市场的企业，极兔速递天然具有跨境电商的优势。2020 年，极兔速递在国内起网的同时，打通了从中国到东南亚的物流运输链路，提供头程揽收、干线运输包机、末端派送的"一站式"服务。2022 年 1 月，在东南亚、中国等多个市场占据头部地位的极兔速递进一步迈向中东、拉美等市场，开拓了埃及、巴西、墨西哥等人口大国业务，以及沙特、阿联酋这样的高消费人群集中国家的市场，加快布局全球网络的步伐。

3. 创新的运营模式，突出本土化能力

创新的运营模式和强大的本土化能力是极兔速递成功开拓市场的关键。极兔速递在世界上最大的群岛国家创立，并迅速抢占当地市场，形成了"总部垂直管理，区域高度自治"的基础运营模式，在保持服务质量的同时，给予加盟商一定的决策自主权。随后，极兔速递将这一基础模式复

制到多个新合作的国家和地区，极大地缩减试错成本，提升运营效率。在
国际环境中成长起来的极兔速递，网络的布局更具国际视野，本土化是其
最具特色的优势。

在极兔速递开拓的东南亚市场中，菲律宾是亚洲最大的天主教国家，
印度尼西亚是世界最大的伊斯兰教国家。极兔速递在陆地国、岛国、宗教
国家均能较好地适应发展，在各个目标市场进行最彻底的本地化，利用基
础模式快速起网和扩张，结合对营商环境、文化环境的理解及本土化策
略，定制因地制宜的端到端的物流解决方案，布局发达稳定的全球物流网
络，保障运输的时效性和稳定性，满足用户的需求。

4. 针对客户需求，提供差异化服务

极兔速递能迅速打开东南亚市场，仅两年就成为东南亚单票第二、印
度尼西亚单日票量第一的快递公司，最重要的一点就是能抓住用户的需
求，提供区别于其他快递企业的差异化服务。极兔速递是东南亚首家以电
商快递为核心业务的快递公司，最大的竞争对手是当地的老牌快递企业
JNE。极兔速递为东南亚市场首次引入全套智能分拣系统、365 天全年业务
无休、7×24 小时快递运输、免费上门取件、直营网点、区域转运 + 片区
集散 + 网点收派的快递模式、24 小时客服等区别于当地老牌快递企业的差
异化优质服务。2017 年 11 月，极兔速递在印度尼西亚的日收件量就已突
破 30 万票，成为当地排名第二的快递公司。到了 2020 年，极兔速递已成
为东南亚地区综合评分排名第二的快递品牌。此外，由于各国的市场环境
差异巨大，客户需求有所不同，因此极兔速递为不同国家或地区提供了不
同的业务。例如，极兔速递在越南专注于农产品生鲜，在马来西亚专注于
文件类的产品等，结合对当地市场的充分了解，提升了服务的个性化和差
异化。

表 5 – 8　极兔与 JNE 对比

	J&T	JNE
营业时间	周一至周日	周一至周六（半天）
运费	稍贵	便宜
交付速度	快	慢
提供业务	J&T REG，相当于 JNE REG（普通），周日不休	JNE REG（普通）：城市 1~2 天，地区 2~3 天，偏远地区 3~7 天。
		JNE YES（次日到）：1 天（仅适用于市区的城市或地区），下午 3 点后交货将会递延 1~2 天后到达。

资料来源：selera. id、中泰证券研究所。

（三）提供全链条服务，促进网络联动

近几年来，跨境电商业态蓬勃发展，全球线上消费稳步提高，带动跨境物流的飞速发展。但实际上很多跨境物流企业只负责产业链中的一环，无论是港口、机场、海关等上游核心资源，还是船公司、卡车公司、航线等干线运力，以及目的国的末端网络都以合作的模式补齐。极兔速递选择了自建仓库、配送体系的重模式，依托自身的末端网络资源优势，自建并整合行业内的优质资源，提供跨境物流全链条服务，实现发件、干线运输、末端一体化的网络结构，确保其在整个服务链条上的绝对话语权。

此外，极兔速递不断促进各地区网络的联动，打通国内外两网的循环通道。一方面，极兔速递加速在不同国家快递网络的建设，提高应对国内电商高速发展的服务能力；另一方面，极兔速递推动不同网络之间的联动，通过一体化的全链条服务，满足跨境电商企业的物流需求，进而赋能国际干线，促进国际干线的优化升级。

四、启示

（一）把握市场时机

2015 年，极兔速递起家东南亚，正值东南亚电商发展黄金期，印度尼西亚总统积极推进包括电子商务和智慧物流在内的数字化建设，国际和本

土资本大批涌入印度尼西亚，Shopee、Lazada、Tokopedia 等电商迅速崛起。印度尼西亚电商 2014 年的零售额为 80 亿美元，到 2016 年就达到了 250 亿美元。电商的发展带动了物流需求的增长，短短几年极兔速递就发展成为东南亚市场件量第一的物流企业。

2020 年，极兔速递开拓中国市场时中国正处于社交电商、下沉市场的双向"飞轮"下，拼多多成为中国用户规模最大的电商平台。借力于拼多多、抖音等电商新秀，极兔速递在中国快速起网，十个月就实现了日均 2000 万的快递票量。近年来，极兔速递立足中国放眼海外，出海策略与中国的"两进一出"战略不谋而合。极兔速递 2023 年开拓的中东市场近年来与中国保持着紧密的经贸往来，中国已经成为多个中东国家的最大贸易伙伴国，在客观上为极兔速递创造了得天独厚的历史新机遇。

（二）强化多元渠道的探索

为了更好地应对快递物流市场日益激烈且多元的竞争，以及优化客户的体验，极兔速递与上下游企业展开合作，强化多元渠道的探索，力图打造差异化的市场竞争优势。一方面，极兔速递与 Amazon、Lazada、Tokopedia 以及 Shopee 等主流电商平台以及 Sheln、Tictok 等后起之秀展开合作，不断拓展电商新势力单量；另一方面，极兔速递与航空公司、船运公司等开展合作，积极布局海运、陆运、空运联通的立体运输体系。2022 年 8 月，极兔速递与海航货运达成合作，依托海航货运的高效运力，打通海外多个地区的航点，其物流网络覆盖到全球更广泛的区域。

（三）注重科技创新，打造智慧物流

作为东南亚首家以互联网配送为核心业务的科技型快递公司，极兔速递长期秉承"以物流为基础、以信息为核心"的发展理念，坚持自主研发创新能力的培养；加快应用云计算、5G、大数据、人工智能等前沿技术，强化数字化系统和应用，自主研发了 JMS 系统、运力调度云端系统、智能化客服系统、集运系统等，为客户提供智能化、数字化、可视化的快递物流服务，让数据创造更大的价值。同时，极兔速递持续推进各环节智能设备的升级和管理系统优化，提高转运中心的操作效率，以减少货物存储和人力投入。

第六节　本章小节

本章通过实地调研和资料梳理的方式探究不同类型企业服务化历程，如 IBM 的 4C 标准与以客户诉求为中心的服务理念，实现国际化高水平服务标准；极飞科技通过数字化赋能农业与培育"新农人"，助力精准帮困，在农业领域打响品牌最强音；巴比馒头抢抓新零售机遇，采用信息化技术完善食品健康绿色生产与电子化物流监督，打通与消费者"最后一公里"；极兔速递注重创新物流，线上通过电子物流平台更为精准链接安全快捷的国内外快递运单，及时连接国内与海外市场，线下提高城市与下沉市场的网点布局，以质优服务回馈消费者。

以上案例在坚持产业微笑曲线的理论基础上，左端提高科技、数字要素的投入，从生产端为企业提供更高质量的产品，右端在物流、营销、品牌打造等产出端领域下功夫，延长产业价值链条，通过增加为消费者的服务来提高产品附加价值，进而有助于带动产业价值链提升。

第六章

制造业服务化、数字经济与全球价值链攀升

第一节　数字经济与制造业服务化

数字经济影响制造业服务化有以下途径：第一，数字技术通过创新嵌入效应促进制造业服务化高速发展。根据钱纳里工业发展阶段理论，后工业时期的一个显著特征就是以高技术、高人力成本为主的中高端制造业与以服务业为代表的新兴产业的迸发前进。制造业服务化这一阶段在第二产业尤为明显，如工业企业内部的生产运营、科创研发、供应链监测、财务管理、人力资源等领域，均需要中高端服务要素与科技技术来嵌入（Peillon et al，2019）。数字海量存储、信息加密与保护这一复杂度高、技术门槛高、安全性较强的数字化转型技术能促进工业企业生产全链条的创新与工艺升级。数字技术的加持能赋能制造业服务化向纵深领域发展，从而实现企业价值链的攀升。

第二，数字经济可以通过资源配置效应促进制造业服务化水平提升。以人工智能、精确算法为核心的数字技术可灵活筛选经济活动产生的海量数据信息，妥善整合生产资源，优化各类经济要素的配置效率。数字经济服务市场使移动通信、互联网、电子设备等服务要素能广泛普及，以上技术呈现指数化的发展与知识的复制，打破了原有的行业技术壁垒，减少了

信息不对称问题。信息不对称是阻碍市场资源要素配置的重要原因之一（周念利等，2023）。广泛普及数字技术，通过打破信息不对称机制，减少了市场要素资源的扭曲，进而促进服务资源向生产效率较高的部门梯度转移，降低大量无效率资源挤压市场的可能性，实现制造业服务化的高效升级过程（范鑫，2020）。

第三，数字经济通过改变劳动力结构、优化城市空间布局来影响制造业服务化。传统服务业，尤其是生产性服务业吸纳了大量用工，如销售员、酒店大堂经理、培训师、配菜师、公共交通秩序员等辅助性岗位角色。大数据、远程数控、云计算打破了生产与消费的边界，一方面可以优化原有的工种，促使传统劳动者提高自身素质与技能，满足日益增长的个性化消费者诉求；另一方面改变了城市人口原有的空间分布，如金融、保险、信息服务等生产性服务业的总部设立在城市地段好、交通网络发达的位置，与之相配套的是高房价、高房租、高物价、高人口密度等特征（孙浦阳等，2018）。在数字化水平发展迅速的背景下，原有的在岗人员可以节省城市通勤时间、克服异地空间阻碍，进行线上办公，优化了"职住分离"的现状。尤其是在一线城市，线上办公让越来越多的年轻劳动力缓解了因市区高房价与长时间通勤产生的恐慌心态，保持即时即刻、高效便捷的工作状态。便捷的工作方式会促使更多劳动人口、新兴创业者在住房和办公地点的选址上具有多元化的选择，这从一定程度上疏散并改善了一线城市尤其是特大城市的人口密度与交通拥挤度。

第二节　数字经济时代的制造业服务化

国外学者对数字经济的研究重点聚焦在两方面，一方面是从数字技术融入传统产业而催生新产业、新业态和新模式等现象出发来定义数字经济的内涵；另一方面是从数字经济本身的特征出发来探讨其含义。

"数字经济"最早由美国 IT 专家泰普斯科特（Tapscott）在《数字经济：网络智能时代的前景与风险》一书中提出，指出数字经济时代是以数字化的信息和知识为基础的时代。1998 年，美国商务部发布关于数字经济的第一份报告《浮现中的数字经济》，指出美国经济受数字信息产业影响的方方面面。此后，各国开始广泛地关注数字经济的崛起。Moulton（1999）和 Klin 等（1999）认为，数字经济的产生及发展基础源自互联网、大数据和人工智能等数字技术，而电子商务是其衍生出来的影响最广泛的一项新业态。数字经济作为推动社会经济增长的新动力，可以减少对环境的负面影响并加强个人与组织之间的社会联系（Miller et al, 2001）。从微观层面出发，数字经济是有形商品与无形服务以数字化的形式进行交易。美国商务部在 2004 年将数字经济定义为，以信息通信技术为设施基础，由计算机软硬件、通信设备和无形数字服务等组成的相关活动。

与国外相比，中国学者对数字经济的研究起步较晚，对数字经济的研究更集中在实际问题上，具体有网络经济现象、信息产业发展，推进基础信息建设和完善国内数字信息制度等。

国内一种观点认为，网络经济和信息技术发展带来的经济增长、新经济现象与数字经济没有根本上的区别，都是新时代网络信息技术发展而带来的经济增长新形态。乌家培（1998）指出，信息经济、知识经济、网络经济、智能经济、数字经济等名称实际上指的是同一类型的经济表现形式，都是以计算机通信技术为基础、以信息产业为主导的信息革命的产物。网络经济与数字经济的区别主要在于描述的场景不同，数字经济着重对信息技术的利用等产业与数字化的融合，网络经济更强调信息、虚拟网络及技术的融合。洪银兴（2001）认为，由互联网与计算机软硬件发展带来的新经济现象，包括网络经济、数字经济等。

另一种观点偏向于认为数字经济的范围仅为信息技术与电子商务领域。持有此观点的大部分学者主要研究发达国家的学术成果及相关产业发展现象，对比国内的数字贸易、电子商务和信息技术在经济领域应用的发展现状进行评价，并提出相关建议。1998 年国家信息化测评中心主任姜奇平先生首次翻译出版《浮现中的数字经济》，引起学术界和产业界对电子商务和信息产业的广泛关注。胡鞍钢（2002）认为，中国信息化进程中存在三大数字鸿沟——中国与世界之间、中国各地区之间、城乡之间，并提出有效克服数字鸿沟现象的若干建议。

上述两类关于数字经济研究的讨论都有一些局限性。认为数字经济与其他类型经济无本质区别的观点，忽略了微观经济的规律。进入二十一世纪以来，国内不少学者关注制度、技术在数字经济或新经济中对经济增长的影响，希望从现象分析过渡到规范的经济分析。孙德林等（2004）指出，数字经济的本质是信息数字化，计算机软硬件、互联网及人工智能的飞速发展，提高了信息的分析能力和利用效率，使其能渗透至各行各业，在提高边际效用的同时降低交易成本，促进可持续、绿色发展。刘建平（2002）认为，信息技术的发展改变了传统的交易方式及业务流程，生产、生活消费都应用了数字信息技术，改善了经济结构，创造了更大的效用。李晓华（2019）指出，数字经济带来了颠覆性创新，给经济注入了新动力，能引导经济结构良性循环。在 2016 年 G20 杭州峰会上，数字经济被认定为以使用数字化的知识和信息为关键生产要素，以现代信息网络作为重要载体，以信息通信技术的有效使用作为效率提升和经济结构优化的重要推动力的一系列经济活动。

数字经济本身的发展基础，主要包括信息网络建设、信息通信服务和算力基础设施等新型基础设施（王开科等，2020；刘方等，2019）。另外，外部发展环境，如政府在对数字经济方面的政策、应用等也发挥着重要作用（张雪玲等，2017）。数字经济与产业融合是数字经济发展的落脚点，也是学者的研究重点，分别从第一二三产业的研究角度，发现农业相对工业和服务业的数字化进程较为缓慢，生产制造过程中的数字化应用在工业中最为集中，数字经济在服务业的应用最为广泛。数字经济能应用在方方面面，如日常消费方式、电子商务、数字支付等（温珺等，2019；张勋等，2019；赵涛，2020）。在对外贸易的促进及加强供应链的韧性方面，数字经济发挥的作用也不容忽视（齐俊妍等，2020）。中国信息通讯研究院发布的《2020 年中国数字经济发展指数白皮书》指出，数字经济包括数字产业化和产业数字化两部分，并分解为基础、产业、融合和环境四个指标。

第三节 制造业出口技术复杂度的研究

一、出口技术复杂度概念

Hausmann 等（2003）首先提出了"出口技术复杂度"的概念，即在开放的市场中，各国经过一定阶段的自我探索，会形成具有技术优势的国家出口产业，而出口产品的技术含量代表了出口国家的技术水平。出口产品的技术含量可以用出口技术复杂度来衡量，衡量一国相关产品、产业或整个国家的技术优势。Rodrik（2007）在 Hausmann 理论的基础上对出口技术复杂度的含义进行了更加具体的说明，即一国在全球分工中的重要性在一定意义上能借助出口技术的复杂程度进行反映。一个国家（地区）出口产品比重中，如果高质量、高附加值、高技术产品的产品比重较高，则可以认为该国家（地区）在全球分工中处于较高地位。

从技术含量的视角出发，可以分为国内技术贡献度与国外技术贡献度（姚洋等，2008）。出口技术复杂度是各类技术在一个行业上组合的体现，组合价值越高说明技术含量越高（黄先海等，2008）。王思语等（2019）分析了服务业投入来源的异质性，认为服务业导向的国内服务要素投入对国内出口产品质量和出口技术复杂性具有正向影响，而服务业导向的国外服务要素投入对国内出口的促进作用不显著，甚至有抑制作用。

二、出口技术复杂度的测度方法

国家层面的出口技术复杂度可以反映一个国家出口产品所包含的技术含量及其产品的结构。产品或行业层面的出口技术复杂度用来衡量出口产品技术水平及全球分工水平。

（一）Hausmann 及对其改良的测度方法

产品结构与经济发展水平具有高度相关性，技术壁垒高的创新性产品一般由经济发达的国家研发出口。发达国家拥有先进的科学技术，需求偏好倾向于高技术含量的产品（Hausmann et al，2007）。结合这些特征，出口技术复杂度的计算方法如下：

$$PRODY_k = \sum_f \frac{(X_{jk}/X_j)}{\sum_f (X_{jk}/X_j)} Y_j \tag{6.1}$$

式（6.1）为产品或行业层面的出口技术复杂度测度方法。其中 X_{jk} 为 j 国家 k 产品（行业）的出口，X_j 为 j 国各产品（行业）出口之和。Y_j 为 j 国人均 GDP。

$$PRODYC_j = \sum (X_{jk}/X_j) PRODY_k \tag{6.2}$$

式（6.2）为国家或地区层面的出口技术复杂度测度方法。其中 X_{jk} 为 j 国家 k 产品（行业）的出口，X_j 为 j 国各产品（行业）出口之和。X_{jk}/X_j 为一国的 k 产品（行业）的总产品（行业）占比，加权平均后，可以得出国家（地区）层面的出口技术复杂度。

许多学者基于上述的测度方法展开研究并进一步发展完善。Hausmann（2006）在衡量出口的技术复杂性时，使用了显性比较优势而不是出口占世界出口的份额做分母。生产份额占比能更准确地反映出口技术复杂度，因为国际贸易分布是不均衡的，大国偏向与小国交易会导致出口份额不能完全反映真实的出口技术复杂度（杜修立等，2007）。中国的出口技术复杂度没有被准确衡量主要是因为国内地区间的出口差异过大（Xu，2010；Bernard et al，2006）。中国东部沿海地区的出口占国内总出口的大部分，且国内各省区市人均 GDP 差距大，会导致测算有所偏差。

近代以来，许多发展中国家（地区）通过加工贸易的方式发展起来，导致这些国家的出口技术复杂度出现异常。通过剔除加工贸易出口，如使用生产数据替代出口数据衡量一国的出口结构，中国出口技术复杂度计算结果较为合理（Gangnes et al，2012）。使用投入产出方法测算一国各行业各产品的国内增加值率，替代原本的出口技术复杂度测度方法的出口产品占比，能在一定程度上修正由加工贸易而扭曲的出口技术复杂度。

（二）以发达国家出口贸易结构为标准的测度方法

另一种常用的测度出口技术复杂度的方法是以发达国家出口贸易结构为标准的测度方法。Finger 等（1979）指出了出口相似度指标（Export Similarity Index，ESI），并被关志雄（2002）、Bernard et al（2006）、Wang 等（2010）的研究所运用。

ESI 的想法是将发展中国家的出口组合与发达国家的出口组合进行比较，以获得结构相似性或偏离程度，作为衡量一国出口技术复杂度的尺度。$ESI_{ab} = 100 \sum_i \min(S_{ia}, S_{ib})$，其中 S_{ia} 和 S_{ib} 分别代表 a 国（地区）和 b 国（地区）出口 i 产品的所有国家（地区）的出口技术复杂度。ESI_{ab} 越接近100，说明两国出口结构越相似；ESI_{ab} 越接近0，说明两国出口结构越不同。一般而言，该指标以美国、欧盟或 OECD 等发达国家（地区）为比较标准。

在 ESI 思想的基础上，Wang 等（2010）定义了出口不相似指标（Export dissimilarity Index，EDI）。EDI 用来测度两个经济体相对的出口技术复杂度，取值介于 0～200，EDI 的值越大表示出口结构差异化越大。

三、出口技术复杂度的影响因素

对于一国的竞争力及贸易收益来说，出口产品结构及质量具有重要影响（Rodrik，2011），探讨影响出口技术复杂度的影响因素也是一个重要的课题方向。

（一）要素禀赋

以资源要素为主的产业并不利于出口技术复杂度的提高，但可以与制度质量互补（祝树金等，2010）。在实证中也发现，行业的自然资源禀赋要素越高，产品出口技术复杂度越低（王永进等，2010）。人力资本、研发资本等要素也有助于提高出口技术复杂度（Hausmann et al，2007；Wang et al，2007；王永进等，2010；顾国达等，2012）。

（二）外商直接投资

首先，FDI可以通过技术转移、扩散及联系效应提升一国出口产品的技术含量（Markusen et al，1999；Hale et al，2006；蒋殿春等，2008）。其次，FDI可以通过加强市场的竞争从而倒逼本国企业提升技术水平（Cingano et al，2004）。最后，FDI可以通过产业集聚效应改善出口企业的质量和组织水平，改善一国的产品结构（Howenstine et al，1994）。

通过实证定性定量分析，发现FDI对出口技术复杂度有提高作用。许斌（2008）在Hausmann的研究基础上发现，中国的出口技术复杂度的提高很大程度上依赖于OECD成员国的直接投资。人均FDI对于高技术复杂度的产品提升也有正向效应（郭晶，2010）。FDI对于中国电信产品的出口会产生挤出效应，使出口技术复杂度下降（Branstter et al，2006）。

由于跨国企业进入中国具有较高的门槛，因此中国本土企业在国际竞争中处于劣势，除了电子信息产业，其他高技术含量行业的出口技术复杂度呈下降趋势，而中低技术含量行业的出口技术复杂呈缓慢上升趋势（姚洋等，2008）。

（三）加工贸易

中国与印度等一些靠"出口导向型"发展起来的国家（地区）的出口技术复杂度大幅高于经济发展水平相近的国家（Rodrik，2011）。加工贸易导致的发展中国家出口技术复杂度异常的问题受到学界的广泛关注，因为大量中间品进口存在于加工贸易中，会加大一国出口技术复杂度（Hausmann et al，2003；陈晓华等，2010）。

多位学者从实证分析中得出结论，加工贸易与出口技术复杂度呈正相关关系。但也有学者在对中国1996—2004年240个城市数据进行分析，发现政策的影响才是最主要的因素。在政策区域范围内，城市加工贸易与出口技术复杂度才呈现正相关，反之，在政策范围外呈负相关关系（Wang et al，2007）。

除了以上因素，也有学者通过定性和定量分析方法，证实了金融发展（齐俊妍等，2011；顾国达等，2012；顾国达等，2013）、制度质量（Berkowitz te al，2006；戴翔等，2014）、全球价值链分工（邱斌等，2012；蒲红霞，2015；齐俊妍等，2016）、地理集聚（刘竹青等，2014）及基础设施（王永进等，2010）也是影响出口技术复杂度的重要因素。上述因素均可能影响国家（地区）的出口复杂度，而关于数字经济是否及如何影响出口技术复杂度的研究则少有学者涉及。

四、数字经济与制造业出口技术复杂度

从数字经济对制造业竞争力的直接影响来看，企业投放机器人完成简单的工作，促进了效率的提升，节约了成本（Acemoglu et al，2020）。此外，人工智能、区块链、物联网和大数据的应用等，对企业的加工、关键工程数控、数字化研发设计、经营模式、生产方式等方面都进行了改革，促进了企业产量、产质等多方面的提升，降低了企业的营运成本、生产成本和人力资源成本等，进而提升了企业的整体竞争力（程虹等，2020；Bakhshi et al，2014；Mikalef et al，2017）。数字化管理也有效降低了企业投入产出的人工、时间、失误等方面的成本。在企业组织管理方面，数字化管理可以降低信息收集、订单跟踪等成本，且提高了企业经营、生产等活动的效率（Abouzeedan等，2013）。数字化投入提高了一国在价值链各

环节的高度与广度，打破了时间和空间的束缚（张艳萍等，2022）。数字经济能赋能价值链、供应链转型，无论是在创新方面、管理方面等都有明显的促进作用（王永龙等，2020）。

从数字经济对制造业竞争力的间接影响来看，数字经济的发展能通过提升人力资本水平、促进产业结构改善等，显著提高各地区的全要素生产率（杨慧梅等，2021）。数字信息技术通过促进产业整合、降低交易成本、改变消费结构等，使竞争环境更加激烈，从而倒逼企业提高生产效率，提升企业在市场上的竞争力，进一步重构上下游的价值链，改变行业的生产投入结构（Saunders et al，2016）。国内中间进口产品的替代性也在数字化的浪潮中得到提高，替代了进口中间产品后，国内中间产品在企业中投资占比明显提升，进而增加了企业出口增加值率（沈国兵等，2020）。通过对跨国企业的实证研究发现，数字经济能降低贸易成本，提高人力资本水平，并提升一国在价值链分工的地位（齐俊妍等，2021）。通过加强对数字经济基础设施、数字中介、媒体平台等数字经济要素的投资，能提高企业的生产力，提升产品的质量和技术水平，使价值链链条上的各方受益（张晴等，2020）。

第四节　数字经济强度测算

一、数字经济强度测度指标体系的构建

（一）现有衡量数字化程度的指标体系

目前，数字经济还处于蓬勃发展阶段，其内涵和定义不断更新、内容越来越丰富，所涵盖的范围也越来越广泛，但国际上并没有对数字经济强度建立一个统一标准的规范体系。本研究总结了 7 个衡量数字化程度的指标体系。

1. 欧盟——数字经济和社会指数

欧盟设计了专门的数字经济指标以评估与检测成员国的数字化发展水平。2016 年，欧盟在"数字经济利益相关方论坛"发布了《Digital Economy and Society Index（DESI）》，DESI 指数的分值介于 0 到 1 之间，分值越高代表一国经济和社会的数字化程度越高。欧盟的"数字经济和社会指数"选取了 30 多个指标，主要从互通性、人力资本、互联网应用、数字技术集成、数字化公共服务等 5 个维度综合描述欧盟经济体的数字化水平和进程。

表 6 - 1 数字经济和社会指数（DESI）指标体系

一级指标	二级指标
网络连接	固定宽带、移动宽带、快速超高速宽带
人力资源	互联网用户技能和高级技能
网络应用	内容、通信、交易
数字技术融合	商业数字化、电子商务
数字公共服务	电子政务

资料来源：作者根据《Digital Economy and Society Index（DESI）》2016 整理。

2. 经济合作组织——衡量数字经济

OECD 2014 年在《Measuring the Digital Economy - A New Perspective》指出，数字经济对消费模式、生产经营等日常生活产生了巨大影响，亟须通过科学全面的测度方法对数字经济发展水平进行客观衡量。OECD 从信息的"供应"和"效果"两方面出发，选取了 38 个指标进行严密的测算。

表 6 - 2 经济合作组织衡量数字经济指标体系（部分）

一级指标	二级指标
智能化基础设施	宽带普及率、移动通信率、互联网发展、开发更高速度、网络连接价格、信息化设备及应用、跨境电子商务、安全、安全感知和隐私威胁、安全隐私基础
社会应用	互联网用户、在线使用、用户复杂度、数字居民、儿童在线、信息化与教育、信息化与工作场所、电子商务消费、无国界内容、电子政务、信息化与健康
创新能力	信息化与研究、信息化行业创新、电子商务、微观数据潜力、信息化专利、信息化设计、信息化商标、知识扩散

续表

一级指标	二级指标
经济增长与就业	ICT 投资、ICT 经营动态、ICT 附加值、信息产业劳动生产率、衡量通信服务质量、电子商务、ICT 人力资本、ICT 工作岗位与 ICT 行业工作岗位、贸易竞争与全球价值链

资料来源：作者根据《Measuring the Digital Economy – A New Perspective》整理。

3. 世界经济论坛——网络准备度指数

世界经济论坛（World Economic Forum，WEF）在 2016 年 7 月发布了《Global Information Technology Report》，提出了网络准备度指数（Network Readiness Index，NRI）。随着数字经济的发展，NRI 指标体系也不断完善，目前由 53 个指标构成。NRI 指标体系包括了基础设施及上层应用的各个方面，囊括宏微观多个维度，认可度较高。

表 6 – 3　世界经济合作论坛网络准备度指数指标体系

一级指标	二级指标
（1）政治和监管环境	与立法、司法相关条目
（2）商业和创新环境	与风险投资安全、管理、先进技术相关条目
（3）基础设施	与电力、移动网络相关条目
（4）可承受性	与互联网、宽带相关条目
（5）技能性	与中高等教育、科学教育质量相关条目
（6）个人使用	与移动电话、虚拟社交网络相关条目
（7）商业使用	与 PCT 专利申请、互联网消费相关条目
（8）政府使用	与信通技术、电子政务方面相关条目
（9）经济影响	与就业、知识密集型产业相关条目
（10）社会影响	与电子参与度、信息使用效率相关条目

资料来源：作者根据《Global Information Technology Report》2016 整理。

4. 国际电联——ICT 发展水平指数

国际电联在 2018 年发布了《Measuring the Information Society Report (2018)》以评估各国 ICT 的发展水平，测算发达国家与发展中国家的数字鸿沟。ICT 具体指标体系如表 6 – 4 所示。

表 6 – 4　ICT 发展水平指数指标体系

一级指标	二级指标
ICT 基础	固定电话和移动电话数量、光缆线路、基站
ICT 使用	互联网用户、固定和移动宽带用户
ICT 技能	教育资金占比、受教育年限、高等教育率

资料来源：作者根据《Measuring the Information Society Report（2018）》整理。

5. 埃森哲——数字化密度指数

数字化密度指数的研究对象为企业，旨在了解企业的数字化程度，为企业提供数字化转型的政策帮助。但是由于从微观的企业角度出发，该指数缺乏在国家、居民等层面的分析。

表 6 – 5　数字化密度指数指标体系

一级指标	二级指标
市场培育	客户活动周期、数字融合市场、企业间合作
企业运营	技术流程、战略流程、人力资本、业务模式、创新、研发
资源配置	土地、劳动力、资本
支持环境	组织灵活性、社会态度、政府开支、经商便利性、监督展望

资料来源：作者根据《数字化密度指数》整理。

6. 麦肯锡——麦肯锡连通指数

麦肯锡在 2016 年发布《Digital Globalization：The New Era of Global Flows》报告，提出麦肯锡联通指数。该指数观测国家参与商品、人力、服务、金融等方面的资源和数据的变化，评价各国在全球数字化程度中所处的位置。

表 6 – 6　麦肯锡连通指数指标体系

一级指标	二级指标
商品	资本、劳动、资源、研发密集型制造业、产品总量、半成品、原材料
服务	知识、劳动、资本密集型制造业、文化和社会服务、政府服务
金融	外商直接投资、股权、股票、贷款
人力资源	移民、旅行者、留学生
数据	网络宽带容量

资料来源：作者根据《Digital Globalization：The New Era of Global Flows》整理。

7. 美国经济分析局——数字经济产出与增加值

2018 年，美国经济分析局在《Defining and Measuring Digital Economy》报告中，定义数字经济由基础设施、电子商务与数字媒体组成，并选取相关代表指标构建了数字经济产出与增加值指标体系。该指标体系重点关注数字经济对社会经济增长的作用，忽略了数字经济对民生、环保、消费方式、政务等方面带来的价值。

表 6-7　美国数字经济产出与增加值指标体系

一级指标	二级指标
基础设施	计算机硬件、软件、电信设备、建筑设备、物联网、支持服务
电子商务	B2B、B2C、P2P
数字媒体	直销和免费数字媒体、大数据

资料来源：作者根据《Defining and Measuring Digital Economy》2018 整理。

（二）国家数字经济强度指标体系构建

通过总结各政府机构、专家学者对数字经济的定义，本研究认为数字经济是指全社会中以数字化的信息通信设施为基础，以数字化的信息和知识等作为要素，以数字化的通信网络为纽带的所有经济活动。数字经济强度是从消费、政务、商业、工业、居民生活等方面，全面反映一个地区的数字经济强度的综合指标。

目前，全球数字经济还处于蓬勃发展阶段，其内涵与范围也在不断发展完善，国家数字经济强度指标体系必须从多方面考虑数字经济的内涵及其发展过程中融入的新内容，如果仅仅用几个指标，难以对一个国家的数字经济强度进行准确全面的衡量。通过阅读十几份国内外关于数字经济评价的论文及研究报告，本研究对相关文献中评价数字经济的维度进行总结，发现现有的数字经济评价研究中的维度主要涉及基础设施、社会效益、创新能力及产业融合。从数字经济的定义内涵出发，考虑到全面性、可比性、可获得性的构建原则，本研究选取了 19 个数据变量构建国家数字经济强度指标体系。

表 6-8　国家数字经济强度指标体系

一级指标	二级指标	属性	数据来源
数字经济基础设施	1. 固定宽带普及率	正向	WDI
	2. 安全网络覆盖率	正向	WDI
	3. 移动网络覆盖率	正向	WDI
	4. 高等教育入学率	正向	WDI
	5. 互联网用户基数	正向	WEF
数字技术创新环境	6. 研发支出比例（占 GDP 比重）	正向	WDI
	7. 最新技术可用度	正向	WEF
	8. 知识产权保护力度	正向	WEF
	9. ICT 相关法律完善度	正向	WEF
	10. ICT 应用及政府效率	正向	WEF
	11. 高新科技产品的政府采购规模	正向	WEF
	12. ICT 发展在政府远期规划中的重要程度	正向	WEF
	13. 风险资本可用度	正向	WEF
国家数字竞争强度	14. 高新科技出口占比（占制成品比例）	正向	WDI
	15. ICT 产品出口（占产品出口总额的百分比）	正向	WDI
	16. ICT 服务出口（占服务出口总额的百分比）	正向	WDI
	17. ICT 领域 PCT 国际申请数量占 PCT 国际申请总量的比例	正向	WEF
	18. 信息通信服务出口	正向	WDI
	19. 政府在线服务指数	正向	WEF

资料来源：作者整理。

二、数字经济强度具体测算

（一）指标数据收集与预处理

基于上述国家数字经济强度指标的数据变量选取，本研究通过阅读相关文献及国际组织研究报告关于国家层面的数字经济水平构建规则、指标选取等，最终选取世界经济论坛的《Global Information Technology Report》报告中的 10 个变量，世界银行的 World Development Indicators 数据库中的

9 个变量，以及 2009—2016 年 56 个国家共 8 年的指标变量数据。

（二）数据标准化

在选取的数据变量中，各数据变量的数量级相差巨大且性质、数量和量纲不一致，无法直接将其进行比较，为了统一比较的标准，本研究对原始数据变量进行标准化处理，将原始数据转化为无量纲、无数量级差异的 0 到 1 之间的标准化数值。标准化方法采用线性最大最小值标准化。本研究所构建的国家数字经济强度指标体系中只有正向指标，所以在进行标准化时只需采用正向指标的标准化方式。标准化处理方式如下：

本节所有公式的下标解释如下：y 表示年份数，即 2009—2016 年 8 个年份；评价对象为 n 个，即 56 个样本国家；评价指标 m 个，即 19 个数据变量；$x_{\alpha ij}^{*}$ 为指标的原始值；$x_{\alpha ij}$ 表示标准化后的指标数值；$x_{j}^{\max}$ 表示在所有 y 年 n 个评价对象中第 j 个指标的最大值；$x_{j}^{\min}$ 表示在所有 y 年 n 个评价对象中第 j 个指标的最小值；其中 α 表示年份（$\alpha = 1，2，\cdots\cdots，y$），$i$ 表示评价对象（$i = 1，2 \cdots\cdots，n$），j 表示评价指标（$j = 1，2，\cdots\cdots，m$）。

$$x_{j}^{\max} = \max(x_{\alpha ij}^{*} \mid 1 \leqslant \alpha \leqslant y, 1 \leqslant i \leqslant n \mid) \tag{6.3}$$

$$x_{j}^{\min} = \min(x_{\alpha ij}^{*} \mid 1 \leqslant \alpha \leqslant y, 1 \leqslant i \leqslant n \mid) \tag{6.4}$$

国家数字经济强度指标体系中所有指标均为大于 0 的指标，指标值越高代表数字经济强度越高。$x_{\alpha ij}$ 代表计算过程中标准化后的值，正向指标标准化的公式为：

$$x_{\alpha ij} = \frac{x_{\alpha ij}^{*} - x_{j}^{\min}}{x_{j}^{\max} - x_{j}^{\min}} \tag{6.5}$$

（三）熵值法计算权重

"熵"源自热力学，起初是热力学的专用名词，并赋予其数学形式。后来应用到物理学中，波尔兹曼将"熵"作为对无序分子运动紊乱的度量。1948 年，克劳德·香农在《通讯的数学理论》中引进"信息熵"，在数学上量化了通信过程中"信息漏失"的统计本质，具有划时代的意义。

后来信息熵被应用于多个学科。

熵值法是一种客观赋权法，是对变量指标离散程度的不确定性进行的一种度量方法，通过计算该指标的熵值可以得到各指标数据之间的差异与离散程度，差异程度越大对评价构建的指标体系影响越大。熵概念的发展超出了最初严谨的科学应用，随着统计物理、信息论等科学理论的发展，熵的本质为解释事物混乱程度，其应用超出原本的热力学科，迅速向自然学科和社会学科渗透，成为众多学科的一个重要交叉点。

信息熵在经济学中被应用于解决一些在经济发展中的随机性、不稳定的问题。经济行为人在市场中的决策会产生不确定性，而足够的信息可以消除不确定性，信息作为一种要素被用来分析，于是出现了信息经济学。在确定一些变量的权重中，可以利用信息熵的赋权方式给予变量，熵权法属于客观赋权法，相比主观赋权法有更强的科学合理性。

（四）熵值法计算过程

首先，计算出 i 评价对象的 j 指标数值所占的比重，公式如下：

$$p_{\alpha ij} = \frac{x_{\alpha ij}}{\sum_{\alpha=1}^{y} \sum_{i=1}^{n} x_{\alpha ij}} \tag{6.6}$$

其次，在计算出 j 指标的比重后，再计算第 j 个指标的熵值 e_j 和效用值 d_j，公式如下：

$$e_j = -\frac{1}{\ln y} \sum_{\alpha=1}^{y} \sum_{i=1}^{n} p_{\alpha ij} \times \ln p_{\alpha ij} \tag{6.7}$$

$$d_j = 1 - e_j \tag{6.8}$$

再次，利用效用值 d_j 可计算出第 j 个指标的权重 φ_{ij}[①]，公式如下：

$$\varphi_j = \frac{d_j}{\sum_{j=1}^{m} d_j} = \frac{1 - e_j}{m - \sum_{j=1}^{m} e_j} \tag{6.9}$$

---

① 权重数据见附录。

最后，通过权重 φ_j 和指标 $p_{\alpha ij}$ 计算加权后的国家数字经济强度 $Dige_{it}$，公式如下：

$$Dige_{it} = \sum_{j=1}^{m} \omega_i \times p_{ij} \qquad (6.10)$$

通过上述公式计算得出数字经济强度指数，其中 $Dige_{it}$ 表示 i 国在 t 年的数字经济强度，在经过标准化的处理后，其数值界定与 0 至 1 之间。$Dige_{it}$ 越接近 1，表示该国家的数字经济强度越高，$Dige_{it}$ 越接近于 0，则表示数字经济强度越低。

三、数字经济强度测度结果分析

本研究选取了 2009—2016 年 56 个国家作为样本，主要从国家综合实力发展水平、地域分布及数据可得性的角度选取，国家数字经济强度评价结果如表 6 - 9 所示。

表 6 - 9　各国数字经济强度

国家	2009 年	2010 年	2011 年	2012 年	2013 年	2014 年	2015 年	2016 年	均值
阿根廷	0.264	0.266	0.276	0.288	0.296	0.274	0.281	0.300	0.281
亚美尼亚	0.172	0.195	0.197	0.237	0.287	0.307	0.319	0.316	0.254
澳大利亚	0.533	0.535	0.536	0.524	0.522	0.524	0.521	0.567	0.533
奥地利	0.538	0.530	0.535	0.534	0.541	0.535	0.539	0.535	0.536
阿塞拜疆	0.305	0.317	0.292	0.324	0.358	0.371	0.357	0.352	0.334
比利时	0.494	0.488	0.498	0.504	0.516	0.516	0.517	0.543	0.509
巴西	0.333	0.345	0.362	0.366	0.388	0.385	0.356	0.345	0.360
加拿大	0.547	0.547	0.554	0.533	0.527	0.521	0.535	0.540	0.538
智利	0.365	0.386	0.404	0.410	0.427	0.428	0.430	0.421	0.409
中国	0.382	0.379	0.418	0.426	0.438	0.452	0.471	0.475	0.430
哥伦比亚	0.279	0.303	0.314	0.325	0.328	0.334	0.341	0.343	0.321
克罗地亚	0.330	0.325	0.315	0.317	0.335	0.334	0.328	0.334	0.327
塞浦路斯	0.436	0.436	0.415	0.393	0.397	0.388	0.404	0.393	0.408
捷克	0.422	0.440	0.443	0.425	0.430	0.427	0.417	0.455	0.432

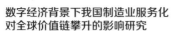

续表

国家	2009 年	2010 年	2011 年	2012 年	2013 年	2014 年	2015 年	2016 年	均值
丹麦	0.627	0.586	0.574	0.580	0.549	0.529	0.529	0.567	0.568
埃及	0.264	0.277	0.265	0.249	0.257	0.246	0.223	0.237	0.252
萨尔瓦多	0.267	0.283	0.265	0.242	0.258	0.274	0.311	0.281	0.273
爱沙尼亚	0.529	0.511	0.528	0.537	0.549	0.556	0.567	0.580	0.545
芬兰	0.680	0.645	0.613	0.650	0.657	0.662	0.647	0.585	0.643
法国	0.541	0.535	0.536	0.538	0.543	0.542	0.559	0.581	0.547
德国	0.537	0.520	0.536	0.525	0.554	0.565	0.559	0.587	0.548
希腊	0.333	0.335	0.331	0.330	0.324	0.325	0.352	0.366	0.337
匈牙利	0.418	0.416	0.419	0.423	0.419	0.409	0.401	0.400	0.413
冰岛	0.578	0.530	0.517	0.502	0.500	0.493	0.510	0.564	0.524
印度	0.366	0.361	0.358	0.356	0.366	0.361	0.341	0.367	0.360
印度尼西亚	0.245	0.281	0.303	0.304	0.326	0.340	0.341	0.337	0.310
爱尔兰	0.551	0.521	0.514	0.522	0.543	0.551	0.539	0.570	0.539
以色列	0.593	0.538	0.582	0.609	0.620	0.618	0.632	0.649	0.605
意大利	0.392	0.350	0.353	0.355	0.367	0.349	0.356	0.381	0.363
日本	0.530	0.517	0.534	0.517	0.533	0.560	0.589	0.590	0.546
韩国	0.641	0.605	0.597	0.590	0.604	0.571	0.595	0.604	0.601
吉尔吉斯斯坦	0.168	0.166	0.169	0.156	0.164	0.170	0.194	0.231	0.177
拉脱维亚	0.342	0.330	0.332	0.363	0.395	0.401	0.433	0.446	0.380
立陶宛	0.402	0.390	0.393	0.400	0.417	0.413	0.431	0.455	0.413
卢森堡	0.506	0.504	0.517	0.515	0.544	0.542	0.548	0.562	0.530
马来西亚	0.531	0.519	0.518	0.545	0.560	0.565	0.583	0.591	0.552
马耳他	0.526	0.525	0.526	0.539	0.544	0.538	0.501	0.473	0.522
墨西哥	0.275	0.278	0.277	0.298	0.330	0.326	0.309	0.320	0.301
荷兰	0.611	0.586	0.600	0.605	0.624	0.615	0.622	0.643	0.613
挪威	0.590	0.573	0.573	0.567	0.575	0.581	0.580	0.590	0.579
巴拿马	0.330	0.334	0.381	0.374	0.409	0.414	0.369	0.363	0.372
波兰	0.327	0.349	0.354	0.348	0.363	0.364	0.368	0.381	0.357
葡萄牙	0.454	0.444	0.449	0.437	0.445	0.440	0.453	0.459	0.448
罗马尼亚	0.373	0.344	0.321	0.306	0.319	0.335	0.350	0.352	0.337

续表

国家	2009 年	2010 年	2011 年	2012 年	2013 年	2014 年	2015 年	2016 年	均值
俄罗斯	0.325	0.311	0.301	0.311	0.330	0.354	0.391	0.398	0.340
新加坡	0.688	0.629	0.670	0.670	0.694	0.688	0.698	0.731	0.683
斯洛伐克	0.359	0.353	0.350	0.370	0.384	0.369	0.384	0.413	0.373
斯洛文尼亚	0.446	0.443	0.433	0.414	0.425	0.412	0.396	0.452	0.428
南非	0.315	0.300	0.295	0.303	0.326	0.334	0.332	0.315	0.315
西班牙	0.426	0.422	0.421	0.418	0.422	0.424	0.422	0.439	0.424
瑞典	0.660	0.635	0.664	0.643	0.641	0.636	0.621	0.620	0.640
瑞士	0.579	0.563	0.583	0.587	0.318	0.371	0.587	0.609	0.525
泰国	0.355	0.334	0.321	0.307	0.318	0.326	0.314	0.347	0.328
乌克兰	0.295	0.255	0.254	0.285	0.292	0.284	0.292	0.314	0.284
英国	0.530	0.527	0.528	0.545	0.574	0.559	0.567	0.590	0.553
美国	0.609	0.599	0.593	0.575	0.575	0.587	0.599	0.623	0.595

资料来源：作者根据计算结果整理。

综合评价结果显示，国家数字经济强度具有较为明显的地域性，北美、西欧和亚洲小部分国家（如新加坡、芬兰、美国、加拿大、瑞士、德国、爱尔兰、日本、韩国等）在评价结果中占据领先地位，亚洲部分国家和东欧国家紧随其后（捷克共和国、俄罗斯联邦、中国、拉脱维亚、塞浦路斯等），南美、非洲、亚洲中部国家（哥伦比亚、克罗地亚、墨西哥、南非、埃及、吉尔吉斯斯坦）则处于较为落后的地位。不同国家的数字经济强度差距大，说明各国数字经济强度发展现状不平衡现象严重。从2010年开始，样本中的国家数字经济强度呈现上升趋势，其中亚美尼亚、吉尔吉斯斯坦、拉脱维亚、俄罗斯联邦、中国、乌克兰、斯洛伐克等上升趋势尤为显著。

根据评价结果，可以将数据中56个国家的数字经济强度分为三个层次，如表6－10所示，第一梯队为8年均值超过0.5（即所有国家平均值）的高水平城市；第二梯队为平均值小于0.5但大于0.3的中等水平国家；第三梯队为其他较低水平的国家。

表 6 - 10 三种水平国家分布

水平	包含国家
高水平	新加坡、芬兰、瑞典、荷兰、以色列、韩国、美国、挪威、丹麦、英国、马来西亚、德国、法国、日本、爱沙尼亚、爱尔兰、加拿大、奥地利、澳大利亚、卢森堡、瑞士、中国、冰岛、马耳他、比利时、葡萄牙、捷克
中等水平	斯洛文尼亚、西班牙、匈牙利、立陶宛、智利、塞浦路斯、拉脱维亚、斯洛伐克、巴拿马、意大利、巴西、印度、波兰、俄罗斯、罗马尼亚、希腊、阿塞拜疆、泰国、克罗地亚
低水平	保加利亚、哥伦比亚、南非、印度尼西亚、墨西哥、乌克兰、阿根廷、萨尔瓦多、亚美尼亚、埃及、吉尔吉斯斯坦

资料来源：作者根据计算结果整理。

第五节 制造业出口技术复杂度

一、制造业出口技术复杂度指标

根据前文对出口技术复杂度的测度方法，本研究根据本章第三节的式（6.1）与式（6.2）计算样本国家的制造业出口技术复杂度。首先计算产品层面的制造业出口技术复杂度，WITS（World Integrated Trade Solution）中 SITC4 二分位分类编码下，一共有41 种制造业产品。公式中的人均 GDP 数据来源于世界银行的 World Development Indicators 数据库，为更精确地衡量出口技术复杂度，采用了购买力评价衡量的人均 GDP（2015 年不变价国际美元）。

二、出口技术复杂度的变化状况

由于不同产品对生产要素的需求和投入是不一致的，数字经济强度对于不同产品要素密集度的影响程度有深有浅，为比较其差异本节根据行业属性进行划分。本研究将 WITS 中 SITC4 二分位分类编码下制造业的 41 种产品合并分类，参考韩燕等（2008）、赵文军等（2012）对制造业行业的划分方法①，将以上 41 种产品划分为劳动密集型、资本密集型和资源密集型三种制造业类型，并测算其出口技术复杂度。由图 6-1 所示，资本密集型出口复杂度排在首位，资源密集型次之，劳动密集型排在最后。从变化趋势看，三种要素密集度产品都保持向上趋势。

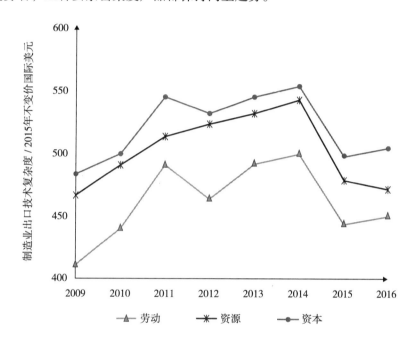

图 6-1　分要素出口技术复杂度变动图

第六节　数字经济影响价值链的机制分析

一、通过成本效应提升出口技术复杂度

亚当·斯密提出社会分工可以协调生产，使资源得到最有效的配

---

① 劳动密集型产品包括（以 SITC4 二分位编码表示，下同）：08、09、11、12、24、34、35、63、89；资源密集型产品包括：23、26、57、58、61、62、65、66、67、68、69、84、85；资本密集型产品包括：32、33、51、52、53、54、55、56、71、72、73、74、75、76、77、78、79、81、88。

置，即以价格机制配置资源，但市场并不是在任何时候都是最有效的配置手段，企业是另一种配置资源的有效方法。交易成本最早在1937年由罗纳德·科斯在其论文《企业的性质》中提出，从产生企业的原因出发，指出人们自愿交往、彼此付出相应的交易成本来达成交易，人类的交往交换活动必然会产生交易，产生的交易成本是人类社会生活中不可分割的一部分。完成交易所付出的人力、时间、财力等是狭义的交易成本；动用资源配置而达成交易，通常包括搜寻、议价、信息、决策、协调管理等成本是广义的交易成本。当通过企业的管理来配置资源的成本低于直接从市场获得资源的成本时，人们就会成立企业组织生产。数字经济能从多方面有效地降低企业各方面配置资源的成本，进而提升企业生产制成品的技术水平和核心竞争优势。数字技术对传统行业的纵深嵌入与渗透，变革出新的经营模式，提高了企业效率，使企业更好地参与经济活动中的竞争。互联网的出现，使获取信息的成本不断变低，降低了市场信息的不对称，提高了决策的准确度，减少了市场主体参与经济活动的交易成本，优化并提升了上下游整条价值链的结构和价值，提升了整个社会经济体的效率。在国际贸易中，各环节的成本降低、效率优化，企业能优化资源、加强资源整合，将人力、时间、财力等资源集中于高附加值的研发创新环节，从供给端提升生产产品的质量和技术水平，满足多样化、高质量的消费需求，进而提高一国的出口技术复杂度。

（一）数字经济降低了信息搜寻成本

从最上游的供应商至最终消费者，每个部分都作为单细胞而在整个经济体制组织中发挥作用。原材料的获取、产品制造的模式、销售产品所需要的分销渠道以及品牌的宣传和建立，均需要市场通过完全信息构建来确认下一步发展战略。在数字化时代，信息的传播变得更加容易，企业能突破时间与空间的限制，不论何时何地都能获取来自全世界的信息，从多方面优化整条价值链的配置效率；降低市场不完全带来的沟通障碍，减少时间与沟通成本；并且弱化了中介的作用，成交双方直接通过网络"面对面"进行沟通交流、协商、达成合作，减少了成交环节中的信息获取成本及时间成本等。

信息成本阻碍了进出口贸易的开展。跨境电子商务的发展打破了传统贸易的限制，各个平台将全球参与贸易活动方联系在一起，构造了一个基于贸易的网络生态，整合资金、物流、交易者等。同时，基于国际贸易的需求，标准化在跨国交易中的手续，大数据匹配交易双方的需求，大幅度降低交易方参与国际贸易搜寻信息的时间、金钱与人力成本等，有效提高了企业订单的采购和销售效率。在品牌产品宣传与建立方面，互联网广告形式拓宽了其深度与广度，在降低投放广告成本的同时获得更高的市场曝光度，进一步降低了企业搜寻信息的成本（李兵等，2020）。各类社交平台、账号营销和网站等方式颠覆了传统营销模式，推动了行业转型发展模式，开拓了新的营销渠道，重塑了营商环境，信息寻求者能够便捷地搜寻交易信息。综上所述，大数据、人工智能、互联网和云计算等数字技术的创新，使交易参与方大幅度减少了在各环节搜寻获得信息的成本，提升了企业效率和竞争力，进而提升一国的出口技术复杂度。

（二）数字经济降低了信息不确定性成本

经济活动中存在不确定性，当今世界正经历百年未有之大变局，内外部环境正发生深刻变化，不确定性会导致风险损失增加（Arrow，1984；顾国达等，2017）。企业需要花费资源来解决、降低不确定性以寻求更好的发展环境，信息是减少不确定性的关键（牛建波等，2012）。掌握的信息越全面，需要对市场不对称付出的成本就越少，相应地就能做出更理性、客观的决策。在现实世界中，市场不可能完全对称，信息成本必然存在，贸易参与方不可能及时获取所有的信息，不完全市场会带来效率的损失，导致贸易参与方利益的损失，进而导致经济活动效率降低，社会资源无法得到妥善配置（Akerlof，1970）。数字信息技术的发展拓宽了市场边界，方便了参

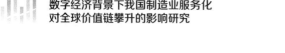
与方获取信息的便捷度，提高了市场主体对信息的响应速度。互联网、社交平台和电子商务平台等多元化信息获取渠道，加快了信息传播速度，能有效降低企业在信息不确定性上的成本（李坤望等，2015；罗珉等，2015）。

（三）数字经济降低了协调管理成本

随着数字经济的蓬勃发展，数字技术与实体经济深度融合，对企业的降本增效起到巨大的推动作用，越来越多的企业、行业都应用数字化技术进行运营、生产、分销。市场主体通过数字化进行政策、信息的处理、发布等，加快了运营的效率。当内外部环境发生改变时，市场主体能借助高效化的数字化运营方式，尽快进行交流、协调并改变运营策略，及时做出合理的决策。另外，数字化平台减少了中间商的角色，有效缩短了贸易的成交周期，加快了商品的流通环节。随着"网络带货"方式的普及，销售方通过网络实时展示其产品详情，对接大量网络购买方，沟通交流产品的细节，提高了沟通的效率。同时，销售方能掌握一手市场数据，根据销售数据的变化快速预测分析消费者习惯，改进商品，调整生产结构，缓解库存压力（潘家栋等，2018）。

二、通过技术效应和结构升级提升出口技术复杂度

科学技术是第一生产力，人力资本在推动科学技术革新与经济增长方面始终发挥着独特且不可替代的作用。在转变发展方式、转化经济增长动力和优化经济结构的阶段，我国巨大的人口规模优势需要依靠培育高素质人才转换为更高效的生产力。依靠数字化技术诞生的网络平台，通过各社交软件、教学网站等传播方式多元化了知识信息的传播渠道。网络课堂、知识库共享等方式，可以让稀缺的高质量讲师资源分配至庞大的互联网用户群体，降低知识传播的成本，使多数学习者能以低成本获取高质量的教学资源。互联网空间拥有丰富的信息资源和多样化的学习方式，有效加速了技术溢出和人力资本积累。在大数据和人工智能的技术支持下，大数据分

析能为企业提供要素的同时优化资源配置，避免资源浪费和错配，促进生产效率的提高，进而增强企业的竞争力。作为工业信息化发展道路上的"催化剂"，互联网有效促进了传统工业与信息化的有机融合（黄智等，2018）。

（一）加快技术溢出

移动互联网的出现，使企业可以随时随地学习了解市场需求和行业发展情况，分析竞争对手的产品性能，定位自己的角色，以决定自身的发展战略。市场竞争激烈时，企业为了自身的发展会根据市场需求改进生产技术，模仿学习竞争对手的产品优势，提升自身的生产水平和创新能力。对于世界上最先进、最前沿的技术都会第一时间通过互联网传播加速知识的扩散和流动，通过学习示范效应增加供给侧的技术创新，优化产业结构向"微笑曲线"左侧附加值高的研发端与尾侧品牌营销端转移，从而提高一国的出口技术复杂度。

互联网平台将创新供给与需求紧密结合，为生产者、科研人员和消费者搭建沟通桥梁，市场主体通过互联网互通互联、相互沟通并加强合作。消费者提出自己的需求告知企业，推动企业创新，研发者与企业合作将科研成果转化为实际成果，创新模式由原本的技术驱动型向需求驱动型转变。

（二）提高人力资本水平

人力资本在推动经济发展中扮演着越来越重要的角色，其稀缺性与重要性使其成为提升企业生产效率的关键因素。数字信息技术的发展便利了信息的传递与经营，但真正发挥创造价值的是高端知识分子。同样数字经济的发展也带来了新的生活模式、工作方式、新事物等，为了适应高速发展的数字经济所带来的新事物新模式，人们所拥有的知识技能也会相应提高。由此，数字经济提升了各行业的人力资本水平，间接推动了企业所在行业和社会层面的生产技术的精进与更新换代。

数字化技术的进步也为全球人力资本水平的提升提供了更为便捷平台。数字化学习作为一种新的知识获取渠道，通过短视频、在线课堂、社区论坛、知识库等,使顶端的知识传播更为大众化、灵活、主动、有效地帮助整个社会提升人力资本。社交平台、网站平台以录播、直播和弹幕等多元化的新型学习模式,节约了授课人与学习者的学习时间、金钱等成本,以喜闻乐见的形式充分调动学习者的积极性,推动人力资本规模的扩大与质量的提升。

(三)提高研发资本的配置效率

数字技术有力推动了金融行业的创新,帮助市场主体优化了资本运作的效率。在数字经济发展的推动下,新的业务模式"数字金融"产生,不断推动普惠金融的边界的拓展。大数据、人工智能等数字技术在帮助金融机构减少信息不对称,以更准确评估风险、降低融资成本方面的作用日益凸显;特别是对数据的分析挖掘,缓解了中小企业融资难、融资贵等问题。

高技术产品意味着其所包含的技术研发风险高,所需要的资本量大,研发过程中的不确定性也大。资本往往具有风险规避倾向,而掌握技术的人往往缺少资本,这就会造成在技术研发前期,企业在金融市场面临融资难的局面,从而延缓了技术创新。互联网、大数据技术运用于风险评估,通过组合税务、工商等多维度信息的交叉验证,可以使中小企业的立体全息画像便捷地呈现于金融资本机构,降低了金融机构识别风险的成本,加快了批贷放款的速度(郭峰等,2017;唐松等,2020)。

第七节　数字经济强度提升制造业出口技术复杂度的实证分析

一、模型建立及变量说明

(一)模型的建立

本研究通过文献梳理及对数字经济强度影响制造业出口技术复杂度机

制分析，明确了相关影响因素，结合前文分析及当前的研究背景引入适合模型的影响因素，具体形式如下：

$$lnPRODY_{it} = \alpha_0 + \alpha_1 Dige_{it} + \alpha_2 X_{it} + \gamma_t + \mu_i + \varepsilon_{it} \qquad (6.11)$$

其中，下标 i 和 t 分别代表国家和年份，$PRODY_{it}$ 表示制造业出口技术复杂度，$Dige_{it}$ 表示国家数字经济强度，X_{it} 为控制变量，γ_t 表示时间效应，μ_i 表示个体效应，ε_{it} 为模型的随机干扰项。

（二）变量的说明

出口技术复杂度（$PRODY_{it}$）与国家数字经济强度（$Dige_{it}$）的测度已经在前文进行论述，控制变量选取产业集聚水平（Agg），以制造业就业人口占就业人口比例表示；外国直接投资（Fdi），以净流入的外国直接投资额表示；制度质量（$Inst$），以监管质量表示；研发创新（Prd），以人均专利申请数量表示；人力资本水平（Hum），以政府支出占 GDP 比例表示。

表 6-11　变量描述性统计

变量	度量单位	观测值	均值	标准差	最小值	最大值
$lnPRODY_{it}$	国际美元	448	5.753	1.127	1.650	7.775
X	无量纲	448	0.441	0.124	0.156	0.731
Agg	%	448	13.940	5.146	4.240	37.890
$Inst$	无量纲	448	74.400	20.480	14.420	100.000
Prd	千/个人	448	0.210	0.489	0.001	3.279
Hum	%	448	5.031	1.248	2.068	8.560
Fdi	国际美元	448	$-2.123e^9$	$4.328e^{10}$	$-2.919e^{11}$	$1.731e^{11}$

资料来源：作者根据计算结果整理。

（三）数据来源

本研究的样本区间为 2009—2016 年，样本为 56 个国家；被解释变量出口技术复杂度的数据来源于 WITS（Word Integrated Trade Solution）及 WDI 数据库，核心解释变量国家数字经济强度来源于 WEF（World Economic Forum）和 WDI 数据库；产业集聚水平（Agg）数据来源于国际劳工组织，外国直接投资（FDI）、人力资本水平（*Hum*）、制度质量（*Inst*）、研发创新（*Prd*）均来自 WDI 数据库。

二、基准回归

本研究聚焦数字经济强度对制造业出口技术复杂度影响，模型的设定与分析从一般到复杂阶段逐步展开。首先加入自变量与因变量进行单独回归，再依次加入其他控制变量进行 OLS 回归，并采用固定效应模型，以减少不同国家及时间变迁带来的误差。从表 6 – 12 中基准回归结果 1 至结果 6 可以得出看出，逐层在实证模型中加入控制变量，数字经济强度的系数显著为正，证明本研究对数字经济强度与制造业出口技术复杂度的基本判定是正确的，数字经济强度能提升一国制造业的出口技术复杂度。加入控制变量后的系数的大小有微弱变化，但是始终在 1% 的显著性水平下对制造业出口技术复杂度产生正向影响，表中呈现的结果均符合理论分析的预期。

表 6 – 12　模型基准回归

估计效果	结果 1	结果 2	结果 3	结果 4	结果 5	结果 6
估计方法	FE	FE	FE	FE	FE	FE
X	7.3361*** (0.2554)	3.8330*** (0.3575)	3.8150*** (0.3576)	3.6775*** (0.3849)	3.6767*** (0.3937)	3.7387*** (0.5805)
Agg		控制	控制	控制	控制	控制
Inst			控制	控制	控制	控制
Prd				控制	控制	控制
Hum					控制	控制
Fdi						控制
Constant	2.5150	2.0619	1.9642	1.9940	1.9931	1.9920
固定效应	是	是	是	是	是	是
观测值	448	448	448	448	448	448
调整 R^2	0.6483	0.7385	0.7388	0.7387	0.7382	0.7386

注：*** 表示标准差 $p < 0.01$，** 表示标准差 $p < 0.05$，* 表示标准差 $p < 0.1$。

三、异质性分析

(一) 行业异质性

有学者研究发现不同要素禀赋的产品或行业对于出口技术复杂度影响是不一样的。本研究对样本数据所处的要素密集度类型进行分样本回归 (表 6 – 13),探索数字经济强度对于不同要素密集度制造业产品的影响程度差异,以更好的根据不同行业产品做出具有针对性的政策。根据分样本回归结果显示,表中的估计结果 1、结果 2 与结果 3 显示,对制造业不同要素密集度产品进行细致划分后,发现数字经济强度对资源密集型、劳动密集型和资本密集型的出口技术复杂度都有促进作用,但是促进的效果存在差异。数字经济强度对资源密集型制造业的促进效果相对较差,对研发创新、品牌营销等高附加值环节的促进作用较强。资源密集型产品大多数是附加值含量较低的产品,对于数字经济能带来的资本、技术促进方面需求较低,所以对于数字经济强度的高投入可能无法带来相对应的效果。而对于劳动密集型和资本密集型的制造业产品来说,数字经济的发展对其出口技术复杂度的促进作用具有显著的正向影响作用。数字技术带来的学习模式、知识分享平台等,有效提高了人力资本水平,将大量劳动力转化为高技能劳动力,从而在研发创新与需求端提升产品的技术复杂度。数字金融、普惠金融的业务模式,融合了企业的各方面画像,有效降低金融机构的风险,使批贷放款的效率提升,帮助更多的中小微企业融资来促进其各项经营活动的持续,特别提升企业在高风险研发环节的积极性,进而提升一国的出口技术复杂程度。

表 6 – 13　模型行业异质性回归

样本分类	资源密集型	劳动密集型	资本密集型
估计结果	结果 1	结果 2	结果 3
Dige	1.6507 *** (0.5333)	3.1862 *** (0.5365)	5.0999 *** (0.5667)
控制变量	控制	控制	控制

续表

样本分类	资源密集型	劳动密集型	资本密集型
固定效应	是	是	是
观测值	448	448	448
R^2	0.5667	0.5938	0.6085

注：*** 表示标准差 $p < 0.01$，** 表示标准差 $p < 0.05$，* 表示标准差 $p < 0.1$。

（二）国家异质性

本研究综合世界银行、国际货币基金组织、联合国开发计划署的划分①将样本 56 个国家划分为发达国家与发展中国家，分别针对其数字经济强度对制造业出口技术复杂度进行回归，并区别其在是否加入控制变量的影响程度。从表 6 - 14 中结果 1 至结果 4 可以看出，发达国家与发展中国家均受益于数字技术的普及与纵深水平的嵌入。数字经济强度都能在 1% 的显著性水平下提升一国的出口技术复杂度，有效地证明了本研究计量模型的结果是稳健的。

表 6 - 14　模型国家异质性回归

样本分类	发达国家	发达国家	发展中国家	发展中国家
估计结果	结果 1	结果 2	结果 3	结果 4
Dige	3.7449 *** (0.2621)	1.8850 *** (0.4415)	7.1250 *** (0.6399)	4.5500 *** (0.7726)
控制变量		控制		控制
固定效应		是		是
观测值	272	272	176	176
R^2	0.4304	0.5436	0.4161	0.5267

注：*** 表示标准差 $p < 0.01$，** 表示标准差 $p < 0.05$，* 表示标准差 $p < 0.1$。

---

① 样本中的发达国家为：澳大利亚、奥地利、比利时、加拿大、塞浦路斯、捷克、德国、丹麦、西班牙、爱沙尼亚、芬兰、法国、英国、希腊、匈牙利、爱尔兰、冰岛、以色列、意大利、日本、韩国、立陶宛、卢森堡、拉脱维亚、马耳他、荷兰、挪威、波兰、葡萄牙、新加坡、斯洛伐克、斯洛文尼亚、瑞典、美国等 34 个国家。其余 22 个国家为发展中国家。

四、稳健性检验

为了进一步考察模型与指标的解释能力，验证本研究的计量结果可靠性，本研究首先剔除 2009 年数据以减少 2008 年金融危机对各行各业的影响，其次用主成分分析法赋予权重，得到新的数字经济强度指标来代表原本熵值法计算的数字经济指标，最后对比随机效应（RE）估计下的结果。由表 6 – 15 中结果 1 和结果 2，我们可知在替换解释变量的测度方法后，无论是否加入解释变量，数字经济强度的提升依然能对制造业出口技术复杂度产生显著的正向影响；结果 3 和结果 4 证实了基本结论的可靠性，删除部分样本及替换模型都不影响基本结论。

表 6 – 15　模型稳健性检验结果

变量	替换 X	替换 X	删除样本	RE
估计结果	结果 1	结果 2	结果 3	结果 5
Dige			3. 8017 *** （0. 4277）	1. 0448 *** （0. 2895）
DIge_ A	0. 5698 *** （0. 1911）	0. 3177 *** （0. 3079）		
控制变量		控制	控制	控制
固定效应	是	是	是	是
观测值	448	448	392	448
R^2	0. 6659	0. 7503	0. 7400	/

注: *** 表示标准差 $p < 0.01$，** 表示标准差 $p < 0.05$，* 表示标准差 $p < 0.1$。

第八节　本章小结

第一，本研究收集了 2009—2016 年 SITC4 二分位下 41 个的制造业代码产品的贸易数据与世界银行 World Development Indicators 数据库中的人均 GDP 数据，采用 Hausmann 测度国家出口技术复杂度的方法计算了 56 个国家的制造业出口技术复杂度，并将研究对象分类分析。依据要素投入情况将 43 种制造业产品分为资源、资本、劳动三个密集型行业，在进行出口技术复杂度测算后发现，劳动密集型的产品出口技术复杂度最低，资源密集型的产品出口技术复杂度稍高，资本密集型的产品出口技术复杂程度最高。出口技术复杂度对于商品结构的影响和对不同要素密集度产品结构的影响与上述出口技术复杂度测度结果是符合的，这两种分类结果都能较好描述出口产品的结构。另外，在 2009—2016 年，样本内各国的出口技术复杂度呈现上升趋势。

第二，本研究参考已有研究，依据世界经济论坛的《Global Information Technology Report》报告中的 10 个变量，世界银行的 World Development Indicators 数据库中的 9 个变量，2009—2016 年 56 个国家共 8 年的指标数据，使用熵权法构建了国家数字经济强度指标。综合指标结果显示，世界各国的数字经济强度呈现地域性的特征，北美、西欧国家的数字经济水平较高，亚洲部分国家和东欧国家紧随其后，南美、非洲、亚洲中部处于较为落后的地步。世界各国的数字经济强度呈现一个上升趋势。各国数字经济基础设施的趋于完善，尤其是互联网的发展、教育水平的提高，为数字经济强度的提升表现出重要的促进作用和巨大的发展潜力。

第三，本研究分析了数字经济强度提升机制，主要通过节约成本效应、技术创新效应和结构转型升级效应等内在机制影响制造业出口技术复杂度。首先，数字化平台使信息的获取更加全面便捷，有利于降低信息壁垒、减少贸易不确定性而便利企业的内外部协调管理，有效降低企业的各方面成本，提高企业的运营效率。这些成本的减少有利于企业将资源集中在生产技术研发部门，提高单位产品技术蕴含度与附加价值，从而提升产品出口技术复杂度。其次，数字经济强度刺激了生产要素水平提升、加快了人力资本水平飞跃、促进了全行业内部与行业之间的技术溢出，优化资源资本的配置，增强了贸易参与方的研发创新能力，给供应链带来了新动力、新模式，提升了生产技术水平，改善了产品结构，继而提高了出口技术复杂度。

第四，从定量分析方面，本研究测度了制造业出口技术复杂度指标和数字经济强度指标，并构建了实证模型分析数字经济强度对制造业出口技术复杂度的影响路径。一方面，在基准回归的结果中得出数字经济强度对制造业出口技术复杂度具有显著的促进作用，并通过主成分分析法构建新的自变量，删除受金融危机影响的部分样本，使用混合回归进行稳健性检验，结果都表明原结论正确。另一方面，通过将样本国家分为发展中国家、发达国家和将行业分为资本、资源、劳动三个要素密集型行业，分别进行异质性回归。分样本的回归结果显示，数字经济强度对不同经济发展水平国家、不同要素密集型的行业的出口技术复杂度都有显著的促进作用，对发展中国家的劳动密集型产品和资本密集型产品产生的促进作用较大，对经济发达国家和资源密集型的产品出口技术复杂度影响程度较小。

第七章

结论与政策建议

第一节　研究结论

　　制造业是我国工业发展的强国之基、造血之源，肩负着实现我国经济发展、百年复兴的重要任务。工业兴则国兴，工业强则国强。因此本研究在制造业服务化的视域下，探索我国制造业持续高质量发展之路，分别从宏观、中观、微观层面阐述制造业服务化的发展与进阶历程，对我国制造业朝着微笑曲线两端提升具有至关重要的影响。宏观国家视角下，生产性服务业竞争力对我国制造业企业出口绩效具有促进作用。中观产业视角下，制造业投入服务化通过减少交易成本、改善生产工艺与流程，进而夯实并提升中国出口产品质量。微观企业视角下，企业服务化特别是数字化的转变是提升其在行业综合发展水平、国内外市场竞争力的加速器。进而我们顺着这一阶段性研究发现，探究数字经济的发展对我国制造业全球价值链攀升具有推动作用。

　　首先，本研究围绕制造业服务化的定义与内涵，阐述制造业服务化的概念与内涵。制造业服务化最初也被定义为服务化，强调的是服务要素在第二产业的投入与应用过程，即服务要素对工业制成品从概念产生、设计、研发、生产到分销、售后、品牌打造等全产品生产周期的嵌入过程。在"互联网＋"、智能制造领域中，数字经济的发展所带来的产业数字化、数字产业化丰富了服务化的定义与内涵，因此服务化也被细分为投入服务化与产出服务化的双重发展。其次，本研究从产业历史变迁角度，即工业1.0至工业4.0的发展，结合科技引爆点，引出在新工业级经济发展环境下，服务化这一必然趋势，并展开制造业服务化这一指标的测算；通过投入产出技术分析，追溯了产业服务要素的投入与价值流向，探究了各国制造业产业所蕴含的服务要素。再次，本研究从出口贸易的视角，探究了与第二产业联结紧密的生产性服务业对我国制造业发展的促进作用；进而采用案例分析法，从微观企业案例来看，服务化对制造型企业以及服务类型企业是否均起到的发展提速作用；从中可发现数字化在微观企业服务化进程中扮演着至关重要的角色，并且服务化投入大部分集中在企业数字化转型与数字要素应用领域。最后，本研究在数字化转型这一背景下继续延伸，从贸易的时间维度上研究数字经济的内涵与发展，并探究数字经济强度与我国全球价值链提升的关联程度与传导机制。综上，本研究得出以下结论：

第一，生产性服务贸易对我国制造业企业出口绩效具有促进作用。

从出口贸易视角，本研究采用UNCTAD、2005—2013年中国工业企业数据库数据，剖析生产性服务贸易竞争力对我国制造业企业出口绩效的影响。目前，我国生产性服务业与欧美等发达国家相比仍有较大差距，作为金砖五国成员国之一的印度在生产性服务贸易竞争力水平部分指标也高于中国。首先，从细分行业层面来看，我国建筑服务行业的贸易竞争力水平较高，通信、计算机和信息服务行业与知识产权使用费发展迅速，特别是在2016年之后有了较为明显的提升。这表明我国企业在面对新兴产业能快速抓住机遇，从原有科技的追赶者逐渐向跟跑者、并跑者、领跑者进行梯度转变，坚实稳步迈向"中国制造2025"的宏伟愿景。其次，本研究从理论模型验证生产性服务贸易竞争力有利于降低企业生产运营成本，进而促使企业出口绩效提升。本研究借鉴Grossman等（2008）的研究，并在其服务任务理论模型的基础上，加入生产性服务贸易竞争力对企业服务投入采购行为的影响，构建出生产性服务贸易竞争力对企业生产成本的理论模型。最后，本研究基于 2005—2013 年制造业企业出口数据实证分析中国生产性服务贸易竞争力显著地提升了制造业企业的出口绩效。根据异质性检验结果可知，不同类型生产性服务业对企业出口具有差异化影响，如建筑、知识产权、金融、通信、商务服务等对企业出口贡献度尤为显著。从企业所有权来看，生产性服务贸易竞争力对制造业企业出口绩效的提升在不同所有制企业中的表现具有异质性，对于民营企业和外资企业的促进作用较为显著，而对港澳台企业的促进作用相对较低。

第二，从生产投入端来看，制造业服务化通过创新提升企业出口产品质量实现外贸优势并改善价值链地位。

本研究采用 WIOD 数据库测算了 2000—2014 年中国制造业整体及细分行业的投入服务化程度，通过测算结果发现无论是整体还是细分行业，中国制造业投入服务化基本呈现出平稳上升的态势，制造业服务化趋势明显。进一步地，本研究将其与中国工业企业数据以及中国海关数据进行合并匹配，通过实证检验制造业投入服务化对中国微观企业出口产品质量的影响。研究发现，制造业投入服务化对中国企业出口产品质量存在显著的正向效应；微观机制分析表明，制造业投入服务化通过研发创新这一中介渠道推动了企业出口产品质量的提升；企业的国际分工对制造业投入服务化的质量提升有催化作用，且对不同资本密集度的企业具有差异性化影响。本研究还发现不同类型的服务投入对企业的出口质量具有不同程度的促进作用。在国际分工深化和外贸转型的背景下，本研究从出口产品质量的角度探讨了制造业投入服务化趋势在加速产业转型升级、培育出口新优势方面的相关影响。基于微观层面的视角，从异质性企业出发，提供了制造业投入影响企业出口产品质量的一系列证据。进一步地，本研究还对研发创新中介效应和国际分工调节效应进行了识别和讨论，在理论和实证上对已有文献进行了补充。

第三，服务化对培育企业国内外市场竞争力具有较强助力。

本研究选取 IBM、极飞科技、极兔速递、巴比食品等制造业服务化案例，发现以上企业不论是制造业还是服务业企业，加入服务化均能显著提升企业绩效与竞争力。特别是以数字技术为代表的高端服务要素，能极大促进企业生产工艺流程的改进，降低沟通与运营成本。即制造业向服务要素发展过渡，以及服务业朝着更深层次的数字要素过渡，从长远来看，对二者保持行业竞争力均具有示范带头作用。

第四，数字经济发展有效驱动了制造业全球价值链地位的提升。

本研究收集了 2009—2016 年 SITC4 二分位分类编码下制造业的 41 种产品的贸易数据与世界银行 World Development Indicators 数据库中的人均 GDP 数据，采用 Hausmann（2006）的研究测度国家出口技术复杂度的方法计算了 56 个国家的制造业出口技术复杂度，并对研究对象分类进行分析。数字经济强度提升主要通过成本效应、技术效应和结构升级效应等内在机制影响制造业出口技术复杂度。首先，数字化平台使信息的获取更加全面便捷，有利于降低信息壁垒、减少贸易不确定性而便利企业的内外部协调管理，有效降低企业所面临的寻租型与成本型壁垒，促进企业通盘运营效率。这些成本的减少有利于企业将资源集中在生产研发部门，改善出口产品结构，从而提升出口技术复杂度。其次，数字经济提升了人力资本水平，促进了技术溢出，优化了资源资本的配置，增强了贸易参与方的研发创新能力，给供应链带来了新动力、新模式，继而提高了出口技术复杂度。从定量分析方面，本研究测度了制造业出口技术复杂度指标和数字经济强度指标，并构建了计量模型来分析数字经济强度对制造业出口技术复杂度的影响机制。一方面，在基准回归的结果中得出数字经济强度对制造业出口技术复杂度有显著的促进作用，并通过使用主成分分析方法构建新的自变量，剔除受 2008 年全球金融危机影响的部分样本进行稳健性检验，结果均表明原结论正确。另一方面，通过将样本国家依据经济发展阶段分为发展中国家、发达国家，将产业部门分为资本、资源、劳动三个要素密集型行业，分别进行异质性回归。分样本的回归结果显示，相比于发达国家，数字经济强度的提升对于发展中国家劳动密集型产品和资本密集型产品的促进作用较大。

第二节　政策建议

制造业是实体经济的基础，产业链供应链是制造业的"筋骨血脉"，是稳住经济大盘、实现高质量发展的重要支撑。当前，在全球经济数字化赋能的大背景下，制造业发展也迎来了新一轮的发展契机与挑战。制造业服务化是以知识密集型的服务要素与实体产业融合的集中表现，基于制造业的服务和服务型制造对提升企业行业竞争力、发挥创新优势有着举足轻重的地位。20世纪下半叶以来，大多数西方发达国家的经济重心从制造业向服务业转变，通过促进服务业的发展增强制造业竞争力，努力实现从"工业型经济"向"服务型经济"的蜕变。数字技术及其应用代表了全球第四次产业和技术革命的最新潮流，打破了传统产业的概念与边界，延长了全球产业链、价值链、供应链。数字经济已经成为"工业4.0时代"国际经济竞争的新领域，在全球经济数字化转型的背景下，需要继续加快推进制造业服务化转型，把握引领产业融合趋势，释放市场优势服务要素。因此，本研究提出以下政策建议：

第一，促进国内产业政策与国际经贸规则有效接轨，扎实推进高水平对外开放。

我国应不断推进高水平对外开放脚步，积极参与区域经济合作，实施更大范围、更多领域、更深层次的对外开放；尤其是积极推动高水平区域服务贸易自由化进程，促进优质服务要素在国际市场中自由流动与优化配置；以 CPTPP、RCEP、DEPA、TiSA 等高标准国际贸易协定为抓手，缔结高标准区域服务贸易协定，发挥我国自由贸易试验区的示范带头作用，推出更多具有"含金量高"的制度创新成果，形成由点带面、由面拓圈的辐射作用，促进我国服务贸易发展。一是积极学习发达国家高标准服务贸易规则，熟谙国际经贸规则新议题，探索"负面清单"模式规则的可行性范围，在吸引外资数量的同时提升吸引外资的质量。二是打破国内市场寻租型与成本型壁垒，凝聚各级政府"向心力"，大力刺激与制造业的"黏合剂"即生产性服务业发展，优化营商环境，逐渐统一各区域在知识产权保护、服务业监管标准、数字基础设施搭建、市场准入、人才流动等领域的标准，打造全国统一大市场要素流动模式。

第二，做好生产全链条制造业服务化进程，推进产、研、销一体的闭环管理。

数字化与智能化生产模式势必增加对知识密集型服务要素的投入需求，个性化定制与绿色智能的生产诉求迫切需要加大生产性服务业的实时供给与产业升级。推动制造业服务化过程是一个以产品生命周期为宗旨的全产业链赋能过程。一是要从加强对生产投入端服务化理念的重视。产品的产生由"微笑曲线"最左端设计与框架的构建决定，是新产品诞生至关重要的环节。从投入端来看，这是树链、稳链阶段。因此，在产品概念设计阶段应注重智能化内核的赋能。二是要密切跟踪生产过程中的服务化进程。生产过程中企业内部上下游阶段分工、研发、嵌入、组装等领域，均需要在以往传统生产的基础上增加研发强度、提高生产效率、降低沟通成本，如加强数控模拟、网络化信息作业及员工之间的电子化通信与协作。因此，各个"碎片化"模块需要精准地提升服务化要素，在微观企业内部做到生产的补链、强链过程。三是要完善产出服务化的监督与管理。产出服务化集中在"微笑曲线"的右端，即分销、广告宣传、售后服务等固链、延链阶段，集中体现了服务要素的"无形性"特征。在这一阶段，要关注远程诊断、品牌维护、客户体验等柔性服务与因地制宜的灵活方案，树立更加诚恳的服务意识，提升产品在消费市场的竞争力与影响力。

第三，实现"三链"多元化发展，提升产业链韧性与安全性。

后疫情时代下，经济民族主义与民粹主义思潮卷土重来，部分发达国家政客鼓吹"去全球化""制造业回流""产业链脱钩"等言论，旨在割裂并重构全球生产分工模式，试图与我国制造业"脱钩"。因此，我国要实现产业链、供应链、价值链这"三链"的多元化发展，提升"三链"在国际竞争中的韧性与安全性。韧性强调的是原有产业链受到外生冲击亦或恶意扭曲时的自身修补能力及恢复速度与效率。一方面，要积极实施更大范围、更多领域的开放，深入加强并巩固与"一带一路"共建国家和地区来之不易的合作成果，在扩大开放我国"朋友圈"范围的同时，实现"三链"多元化发展与合作，加快推动我国优质产能、基础设施与"一带一路"共建国家和地区合作。另一方面，要加强攻关重点技术难点，强调三链的安全性与自我修复补救能力，集中攻关高精尖"卡脖子"科技领域，如集成电路、生物医药、光学遥感等复杂度高的产业，同时各级政府制定因地制宜的政策，针对不同细分行业建立完善的高技能人才培养体系，培育一大批脱颖而出的大国工匠，从人才培育方面对"三链"赋能。

第四，树立变革型与包容型人才培育理念，强化服务型人才队伍建设。

从工业1.0到工业4.0的产业变迁历程中，科学技术每次作为时代变迁的引爆点，在转变生产模式的同时也改变了就业结构。根据库兹涅兹定理与投入产出技术理论，产业由低阶段向高阶段发展，就业人口逐步朝着服务行业流动。现阶段在工业物联网、绿色智能等技术引爆点下，便捷的服务在帮助制造业企业减少软硬件投入的资金成本，实现精益生产、敏捷制造的同时，引发了劳动力市场的就业替代效应，也拉开了城乡就业人口技能的差距。产业数字化与数字产业化的大趋势淘汰了单一重复性的工种，使原有生产线水平的固定工人失去工作，并在短期内因技术不足而无法在对新工作能力转换上实现无缝链接。因此，技术带来的就业替代与转移现象需要强化高技能人才的培育。一是要树立科技变革型人才观。在科技智能变换的经济背景下，各级政府要对就业市场更加敏感，关注市场要什么人，以及要为市场培育什么样的人。同时关注因技术淘汰而被迫转岗劳动群体的职业发展状况，给予人文关怀与过硬技能的培训。在城市、乡镇等不同市场特性，分批次、分阶段培育高技能人才，如在乡镇地区农产品加工企业搭建电子商务平台，在消费性服务业高度发达的沿海城市加强贸易平台数字化监管与熟谙国际经贸规则人才的培育。二是要发挥高校与科研院所的教研平台，探索培育数字化人才、大国数字工匠等全方位人才的培养模式，强化政府、高校、企业产学研一体化过程，鼓励在校学生在掌握专业技能的同时树立变革型理念，调整好求职、择业与职业变动心态。

第三节　未来研究方向

本研究在产业结构发展与变迁的视阈下，研究发现制造业服务化对我国制造业产业升级起到了提升作用，尤其是对我国制造业迈向全球价值链中高端领域提供了发展思路。其中以通信技术、商务服务等数字型服务要素投入较多的产业对促进第二产业提升具有突出贡献，即数字技术对生产性服务业的发展具有重要作用，并能带动制造业迈向高质量发展道路。因此有如下内容可沿着该成果进行探索：

一是数字经济指标的构建与测算。现阶段制造业服务化的显著表象特征为数字化发展。现有国内外研究对数字经济、数字贸易指标测算方面仍存在差异。不少专家学者、研究机构对数字经济指标的构建与测度提供了强有力的智力支持，例如 USITC、WTO、OECD 以及我国商务部等国际组织与官方机构都提出对数字经贸领域的定义与指标构建。然而，国内外学界并未就数字经济这一指标达成统一共识，测算方法呈现出"因人而异"的现象。

二是研究对象与主体范围的深入探讨。本研究结论是制造业服务化促进了全球价值链提升，集中在制造业产业提升领域。下一步可以拓展到我国对外贸易结构中，有关加工贸易、一般贸易以及外资结构中有关价值链提升的研究。在探讨制造业服务化这一主题时，亦可从外贸视角讨论制造业出口服务化与制造业进口服务化的进程，如有关加工贸易服务化的比例与构成等因素来分析我国外贸结构。

三是有关数字贸易壁垒的相关研究。贸易主体多元化与贸易对象数字化使数字贸易壁垒呈现新的表现形式。例如，数字产品知识产权界定、跨境数字安全的限制、数据交易平台的资质等领域，都存在概念边界模糊不清的地带，也增加了对数据要素保护的难度。由于各国在数字经贸规则领域方向存在着"意大利面碗"效应，国家数字要素保护的本土化与全球数字开放的国际化成为下一阶段数字经贸发展的冲突点，亟须深入研究。

四是有关全球价值链视域下供应链弹性与脆弱性对我国产业国际影响力的影响研究。当前全球经济低迷，各国债务危机波及全球，新一轮的民粹主义与经济民族主义卷土重来。发达国家对我国贸易的"去工业化、去全球化"思潮肆虐，使我国在全球价值链嵌入过程中存在"断链""掉链"等供应链弹性脆弱等新的问题。由此，全球生产分工模式的挤压、撤离、替代使我国参与价值链分工出现了风险敞口问题。从行业层面来看，我国如何在逆全球化风险过程中保持参与全球经贸活动竞争优势，是当前也是未来 10 年内亟待解决的理论与实践议题。

参考文献

【1】白东北，张营营，王珏．产业集聚与中国企业出口行为：基于企业劳动力成本的研究［J］．世界经济研究，2019（11）：46-64．

【2】陈华，曹艳．中国出口制造业投入服务化水平测度：基于贸易增加值视角［J］．国际商务研究，2021，42（1）：23-37．

【3】陈丽娴，沈鸿．制造业服务化如何影响企业绩效和要素结构：基于上市公司数据的 PSM-DID 实证分析［J］．经济学动态，2017（5）：64-77．

【4】陈龙江，王梅．金融危机后印度贸易保护措施对中国出口的影响［J］．国际经贸探索，2018，34（5）：105-118．

【5】陈潭．工业 4.0 智能制造与治理革命［M］．北京：中国社会科学出版社，2016．

【6】陈雯，苗双有．中间品贸易自由化与中国制造业企业生产技术选择［J］．经济研究，2016，51（8）：72-85．

【7】陈晓红，李杨扬，宋丽洁，等．数字经济理论体系与研究展望［J］．管理世界，2022（2）：208-224．

【8】陈晓华，黄先海．中国出口品技术含量变迁的动态研究：来自 50 国金属制品 1993—2006 年出口的证据［J］．国际贸易问题，2010（4）：3-12．

【9】陈晓华，黄先海，刘慧．中国出口技术结构演进的机理与实证研究

［J］. 管理世界，2011（3）：44 - 57.

【10】陈紫华. 英国的黑奴贸易［J］. 西南师范大学学报（人文社会科学
　　　版），1985（1）：88 - 95.

【11】程大中. 中国生产性服务业的水平、结构及影响：基于投入—产出
　　　法的国际比较研究［J］. 经济研究，2008（1）：76 - 88.

【12】程大中. 中国生产者服务业的增长、结构变化及其影响：基于投入—
　　　产出法的分析［J］. 财贸经济，2006（10）：45 - 52 + 96 - 97.

【13】程大中，郑乐凯，魏如青. 全球价值链视角下的中国服务贸易竞争
　　　力再评估［J］. 世界经济研究，2017（5）：85 - 97 + 136 - 137.

【14】程虹，袁璐雯. 机器人使用、工艺创新与质量改进：来自中国企业
　　　综合调查（CEGS）的经验证据［J］. 南方经济，2020（1）：46 - 59.

【15】戴翔. 中国制造业出口内涵服务价值演进及因素决定［J］. 经济研
　　　究，2016，51（9）：44 - 57 + 174.

【16】戴翔，金碚. 产品内分工、制度质量与出口技术复杂度［J］. 经济
　　　研究，2014，49（7）：4 - 17 + 43.

【17】戴翔，李洲，何启志. 中国制造业出口如何突破"天花板约束"
　　　［J］. 统计研究. 2018，35（6）：56 - 67.

【18】戴翔，张二震. 危机冲击、汇率波动与出口绩效：基于跨国面板数
　　　据的实证分析［J］. 金融研究，2011（8）：47 - 56.

【19】丁纯，李君扬. 德国"工业4.0"：内容、动因与前景及其启示
　　　［J］. 德国研究，2014，29（4）：49 - 66 + 126.

【20】董晓芳，袁燕. 企业创新、生命周期与聚集经济［J］. 经济学（季
　　　刊），2014，13（2）：767 - 792.

【21】杜修立，王维国. 中国出口贸易的技术结构及其变迁：1980—2003
　　　［J］. 经济研究，2007（7）：137 - 151.

【22】樊海潮，郭光远. 出口价格、出口质量与生产率间的关系：中国的

证据［J］. 世界经济, 2015, 38（2）: 58 - 85.

【23】范鑫. 数字经济发展、国际贸易效率与贸易不确定性［J］. 财贸经济, 2020, 41（8）: 145 - 160.

【24】樊秀峰, 韩亚峰. 生产性服务贸易对制造业生产效率影响的实证研究: 基于价值链视角［J］. 国际经贸探索, 2012, 28（5）: 4 - 14.

【25】方明, 朱章礼. 制造业服务化、政府补助与企业全要素生产率: 基于汽车制造业上市公司的实证研究［J］. 会计之友, 2022（5）: 77 - 83.

【26】方园. 金融发展对出口复杂度提升的影响机理与效应研究［D］. 杭州: 浙江大学, 2013.

【27】符大海, 鲁成浩. 服务业开放促进贸易方式转型: 企业层面的理论和中国经验［J］. 中国工业经济, 2021（7）: 156 - 174.

【28】高翔, 袁凯华. 中国企业制造业服务化水平的测度及演变分析［J］. 数量经济技术经济研究, 2020, 37（11）: 3 - 22.

【29】顾国达, 方园. 金融发展对出口品国内技术含量提升效应的研究: 基于产业层面的分析［J］. 经济学家, 2012（9）: 62 - 70.

【30】顾国达, 郭爱美. 金融发展与出口复杂度提升: 基于作用路径的实证［J］. 国际经贸探索, 2013, 29（11）: 101 - 112.

【31】顾国达, 李金城, 张洪胜. 信息化能否增进一国高技术产业的比较优势?: 基于1995—2011年39国信息化和附加值贸易数据的实证研究［J］. 浙江大学学报（人文社会科学版）, 2017, 47（3）: 202 - 216.

【32】顾国达, 周蕾. 全球价值链角度下我国生产性服务贸易的发展水平研究: 基于投入产出方法［J］. 国际贸易问题, 2010（5）: 61 - 69.

【33】关志雄. 从美国市场看"中国制造"的实力: 以信息技术产品为中心［J］. 国际经济评论, 2002（4）: 5 - 12.

【34】郭峰, 孔涛, 王靖一. 互联网金融空间集聚效应分析: 来自互联网金融发展指数的证据［J］. 国际金融研究, 2017（8）: 75 - 85.

【35】郭吉涛，梁爽．数字经济对中国全要素生产率的影响机理：提升效应还是抑制效果？［J］．南方经济，2021（10）：9-27.

【36】郭家堂，骆品亮．互联网对中国全要素生产率有促进作用吗？［J］．管理世界，2016（10）：34-49.

【37】郭晶．FDI对高技术产业出口复杂度的影响［J］．管理世界，2010（7）：173-174.

【38】郭娟娟，许家云，杨俊．制造业服务化与企业污染排放：来自中国制造业企业的证据［J］．国际贸易问题，2022（5）：137-154.

【39】韩剑，冯帆，姜晓运．互联网发展与全球价值链嵌入：基于GVC指数的跨国经验研究［J］．南开经济研究，2018（4）：21-35+52.

【40】韩江卫．制造业服务化研究回顾与未来展望［J］．特区经济，2014（11）：221-224.

【41】韩孟孟，张三峰，顾晓光．信息共享能提升企业生产率吗？：来自中国制造业企业调查数据的证据［J］．产业经济研究，2020（1）：42-56.

【42】韩先锋，惠宁，宋文飞．信息化能提高中国工业部门技术创新效率吗［J］．中国工业经济，2014（12）：70-82.

【43】韩燕，钱春海．FDI对我国工业部门经济增长影响的差异性：基于要素密集度的行业分类研究［J］．南开经济研究，2008（5）：143-152.

【44】何帆，刘红霞．数字经济视角下实体企业数字化变革的业绩提升效应评估［J］．改革，2019（4）：137-148.

【45】何文彬．全球价值链视域下数字经济对我国制造业升级重构效应分析［J］．亚太经济，2020（3）：115-130+152.

【46】洪银兴．新经济的经济学分析［J］．江海学刊，2001（1）：11-16.

【47】胡鞍钢，周绍杰．中国如何应对日益扩大的"数字鸿沟"［J］．中国工业经济，2002（3）：5-12.

【48】胡汉辉，邢华．产业融合理论以及对我国发展信息产业的启示［J］．中国工业经济，2003（2）：23－29.

【49】黄群慧，霍景东．全球制造业服务化水平及其影响因素：基于国际投入产出数据的实证分析［J］．经济管理，2014，36（1）：1－11.

【50】黄群慧，余泳泽，张松林．互联网发展与制造业生产率提升：内在机制与中国经验［J］．中国工业经济，2019（8）：5－23.

【51】黄先海，陈晓华．要素密集型逆转与贸易获利能力提升：以中美纺织业为例［J］．国际贸易问题，2008（2）：14－20.

【52】黄悦华，成筠，李新明．中小城市制造业信息化发展战略研究［M］．成都：电子科技大学出版社，2006.

【53】黄智，万建香．"互联网＋"与工业产业结构升级的影响研究：以上海市为例［J］．科技管理研究，2018，38（17）：81－87.

【54】贾卫平，吴玲，郭艳斌．服务业与制造业深度融合转型研究［J］．合作经济与科技，2021（23）：7－9.

【55】江小涓．服务业增长：真实含义、多重影响和发展趋势［J］．经济研究，2011，46（4）：4－14＋79.

【56】蒋殿春，鲁大宇．外资自由化与本土企业出口国内附加值率：基于中间品市场的新发现［J］．南开经济研究，2023（5）：38－55.

【57】蒋殿春，张宇．经济转型与外商直接投资技术溢出效应［J］．经济研究，2008（7）：26－38.

【58】李兵，岳云嵩．互联网与出口产品质量：基于中国微观企业数据的研究［J］．东南大学学报（哲学社会科学版），2020，22（1）：60－70＋147.

【59】李海舰，田跃新，李文杰．互联网思维与传统企业再造［J］．中国工业经济，2014（10）：135－146.

【60】李江帆，毕斗斗．国外生产服务业研究述评［J］．外国经济与管理，

2004（11）：16 - 19.

【61】李杰（JayLee）. 工业大数据：工业 4.0 时代的工业转型与价值创造
[M]. 邱柏华，译. 北京：机械工业出版社，2015.

【62】李金华. 德国"工业 4.0"与"中国制造 2025"的比较及启示 [J].
中国地质大学学报（社会科学版），2015，15（5）：71 - 79.

【63】李俊青，苗二森. 不完全契约条件下的知识产权保护与企业出口技
术复杂度 [J]. 中国工业经济，2018（12）：115 - 133.

【64】李坤望，邵文波，王永进. 信息化密度、信息基础设施与企业出口
绩效：基于企业异质性的理论与实证分析 [J]. 管理世界，2015
（4）：52 - 65.

【65】李廉水，石喜爱，刘军. 中国制造业 40 年：智能化进程与展望
[J]. 中国软科学，2019（1）：1 - 9 + 30.

【66】李晓华. 数字经济新特征与数字经济新动能的形成机制 [J]. 改革，
2019（11）：40 - 51.

【67】李晓钟，黄蓉. 工业 4.0 背景下我国纺织产业竞争力提升研究：基
于纺织产业与电子信息产业融合视角 [J]. 中国软科学，2018（2）：
21 - 31.

【68】栗乐. 生产性服务进口对我国制造业出口的影响分析 [J]. 现代商
业，2020（3）：34 - 36.

【69】廖信林，杨正源. 数字经济赋能长三角地区制造业转型升级的效应
测度与实现路径 [J]. 华东经济管理，2021，35（6）：22 - 30.

【70】林桂军，王飞，任靓，等. 全球价值链视角下我国对美国出口的结
构变迁与服务化趋势 [J]. 国际贸易问题，2022（5）：1 - 20.

【71】刘斌，王乃嘉. 制造业投入服务化与企业出口的二元边际：基于中
国微观企业数据的经验研究 [J]. 中国工业经济，2016（9）：59 - 74.

【72】刘斌，魏倩，吕越，等. 制造业服务化与价值链升级 [J]. 经济研

究，2016，51（3）：151－162.

【73】刘方，孟祺．数字经济发展：测度、国际比较与政策建议［J］．青海社会科学，2019（4）：83－90.

【74】刘建平．数字经济与政府规制［J］．中国行政管理，2002（9）：9－12.

【75】刘戒骄．服务业的开放及其对工业的影响［J］．管理世界，2002（6）：54－63＋73.

【76】刘军，杨渊鋆，张三峰．中国数字经济测度与驱动因素研究［J］．上海经济研究，2020（6）：81－96.

【77】刘维刚，倪红福．制造业投入服务化与企业技术进步：效应及作用机制［J］．财贸经济，2018，39（8）：126－140.

【78】刘维刚，周凌云，李静．生产投入的服务质量与企业创新：基于生产外包模型的分析［J］．中国工业经济，2020（8）：61－79.

【79】刘维林，李兰冰，刘玉海．全球价值链嵌入对中国出口技术复杂度的影响［J］．中国工业经济，2014（6）：83－95.

【80】刘伟，张辉，黄泽华．中国产业结构高度与工业化进程和地区差异的考察［J］．经济学动态，2008（11）：4－8.

【81】刘志彪．生产者服务业及其集聚：攀升全球价值链的关键要素与实现机制［J］．中国经济问题，2008（1）：3－12.

【82】刘竹青，佟家栋，许家云．地理集聚是否影响了企业的出口决策？：基于产品技术复杂度的研究［J］．产业经济研究，2014（2）：73－82.

【83】罗珉，李亮宇．互联网时代的商业模式创新：价值创造视角［J］．中国工业经济，2015（1）：95－107.

【84】吕越，李小萌，吕云龙．全球价值链中的制造业服务化与企业全要素生产率［J］．南开经济研究，2017（3）：88－110.

【85】吕政，刘勇，王钦．中国生产性服务业发展的战略选择：基于产业

互动的研究视角 [J]. 中国工业经济, 2006 (8): 5-12.

【86】 马丹, 唐佳琦. 全球数字价值链增加值的测算及变动因素分析 [J].
统计研究, 2023, 40 (6): 3-19.

【87】 马妍妍, 俞毛毛. 企业金融化行为对出口规模的影响分析: 来自 A 股
上市公司的微观证据 [J]. 世界经济研究, 2021 (6): 121-134+137.

【88】 马兆林. 中国制造 2025 强国之路与工业 4.0 实战: 重构智慧型产业,
开启产业转型新时代 [M]. 北京: 人民邮电出版社, 2016.

【89】 曼德尔娃. 浅谈日耳曼法中的土地权利制度 [J]. 法制博览, 2016
(36): 69-71.

【90】 毛其淋, 许家云. 贸易自由化与中国企业出口的国内附加值 [J].
世界经济, 2019 (1): 3-25.

【91】 蒙英华, 裴瑱. 基础设施对服务出口品质的影响研究 [J]. 世界经
济研究, 2013 (12): 32-38+85.

【92】 孟夏, 陈磊. 金融发展、FDI 与中国制造业出口绩效: 基于新新贸易
理论的实证分析 [J]. 经济评论, 2012 (1): 108-115.

【93】 倪红福, 闫冰倩, 吴立元. 生产链长度与 PPI—CPI 分化: 基于全球
投入产出价格模型的分析 [J]. 中国工业经济, 2023 (6): 5-23.

【94】 聂辉华, 江艇, 杨汝岱. 中国工业企业数据库的使用现状和潜在问
题 [J]. 世界经济, 2012, 35 (5): 142-158.

【95】 牛建波, 赵静. 信息成本、环境不确定性与独立董事溢价 [J]. 南
开管理评论, 2012, 15 (2): 70-80.

【96】 潘家栋, 肖文. 互联网发展对我国出口贸易的影响研究 [J]. 国际
贸易问题, 2018 (12): 16-26.

【97】 裴长洪, 倪江飞, 李越. 数字经济的政治经济学分析 [J]. 财贸经
济, 2018, 38 (9): 5-22.

【98】 彭继宗, 郭克莎. 制造业投入服务化与服务投入结构优化对制造业

生产率的影响［J］. 经济评论，2022（2）：17 – 35.

【99】彭水军，袁凯华，韦韬. 贸易增加值视角下中国制造业服务化转型的事实与解释［J］. 数量经济技术经济研究，2017（9）：3 – 20.

【100】蒲红霞. 外贸新形势下出口国内技术复杂度影响因素研究：来自中国工业行业的实证检验［J］. 国际经贸探索，2015，31（11）：16 – 29.

【101】齐俊妍，吕建辉. 进口中间品对中国出口净技术复杂度的影响分析：基于不同技术水平中间品的视角［J］. 财贸经济，2016（2）：114 – 126.

【102】齐俊妍，任奕达. 东道国数字经济发展水平与中国对外直接投资：基于"一带一路"沿线 43 国的考察［J］. 国际经贸探索，2020，36（9）：55 – 71.

【103】齐俊妍，任奕达. 数字经济渗透对全球价值链分工地位的影响：基于行业异质性的跨国经验研究［J］. 国际贸易问题，2021（9）：105 – 121.

【104】齐俊妍，王永进，施炳展，等. 金融发展与出口技术复杂度［J］. 世界经济，2011，34（7）：91 – 118.

【105】祁怀锦，曹修琴，刘艳霞. 数字经济对公司治理的影响：基于信息不对称和管理者非理性行为视角［J］. 改革，2020（4）：50 – 64.

【106】綦良群，崔月莹，王金石. 中国先进制造业服务化影响因素分析［J］. 管理现代化，2021，41（6）：15 – 19.

【107】綦良群，赵少华，蔡渊渊. 装备制造业服务化过程及影响因素研究：基于我国内地 30 个省市截面数据的实证研究［J］. 科技进步与对策，2014，31（14）：47 – 53.

【108】邱爱莲，崔日明，徐晓龙. 生产性服务贸易对中国制造业全要素生产率提升的影响：机理及实证研究：基于价值链规模经济效应角度［J］. 国际贸易问题，2014（6）：71 – 80.

【109】邱斌，叶龙凤，孙少勤. 参与全球生产网络对我国制造业价值链提升影响的实证研究：基于出口复杂度的分析 ［J］. 中国工业经济，2012（01）：57－67.

【110】邵朝对，苏丹妮，李坤望. 服务业开放与企业出口国内附加值率：理论和中国证据 ［J］. 世界经济，2020，43（8）：123－147.

【111】沈国兵，袁征宇. 互联网化、创新保护与中国企业出口产品质量提升 ［J］. 世界经济，2020，43（11）：127－151.

【112】沈国兵，袁征宇. 互联网化对中国企业出口国内增加值提升的影响 ［J］. 财贸经济，2020，41（7）：130－146.

【113】施炳展，王有鑫，李坤望. 中国出口产品品质测度及其决定因素 ［J］. 世界经济，2013，36（9）：69－93.

【114】史瑞祯. 进口中间品质量对中国制造业企业出口绩效的影响研究 ［D］. 太原：山西大学，2019.

【115】宋跃刚，郑磊. 中间品进口、自主创新与中国制造业企业出口产品质量升级 ［J］. 世界经济研究，2020（11）：26－44＋135.

【116】孙德林，王晓玲. 数字经济的本质与后发优势 ［J］. 当代财经，2004（12）：22－23.

【117】孙浦阳，侯欣裕，盛斌. 服务业开放、管理效率与企业出口 ［J］. 经济研究，2018，53（7）：136－151.

【118】孙天阳，成丽红. 协同创新网络与企业出口绩效：基于社会网络和企业异质性的研究 ［J］. 金融研究，2020（3）：96－114.

【119】谭语嫣，纪洋，黄益平. 利率市场化改革对经济效率的影响 ［J］. 世界经济，2017，40（4）：3－28.

【120】唐海燕，张会清. 产品内国际分工与发展中国家的价值链提升 ［J］. 经济研究，2009，44（9）：81－93.

【121】唐松，伍旭川，祝佳. 数字金融与企业技术创新：结构特征、机制

识别与金融监管下的效应差异 ［J］. 管理世界, 2020 （5）: 52 – 66.

【122】唐要家. 数字经济赋能高质量增长的机理与政府政策重点 ［J］. 社会科学战线, 2020 （10）: 61 – 67.

【123】唐宜红, 张鹏扬. 中国企业嵌入全球生产链的位置及变动机制研究 ［J］. 管理世界, 2018 （5）: 28 – 46.

【124】王飞, 姜佳彤, 林桂军, 等. 全球价值链视角下的中国制造业服务化: 1995—2019 ［J］. 国际经贸探索, 2023, 39 （6）: 35 – 51.

【125】王厚双, 盛新宇. 服务化对制造业产品出口价格的影响分析 ［J］. 当代财经, 2019 （9）: 95 – 108.

【126】王开科, 吴国兵, 章贵军. 数字经济发展改善了生产效率吗 ［J］. 经济学家, 2020 （10）: 24 – 34.

【127】王丽, 韩玉军. 中国服务贸易竞争力与服务业开放度的国际比较 ［J］. 中国流通经济, 2016, 30 （8）: 122 – 128.

【128】王丽荣, 沈雨彤, 沈小瑞, 等. 基于 VAR 模型的中国金融服务贸易国际竞争力研究 ［J］. 经济问题. 2016 （7）: 55 – 58 + 90.

【129】王秋石, 王一新, 杜骐臻. 中国去工业化现状分析 ［J］. 当代财经, 2011 （12）: 5 – 13.

【130】王胜, 伯雯, 李保霞. 人民币汇率、市场份额与出口价格 ［J］. 世界经济研究, 2018 （11）: 65 – 77 + 136.

【131】王思语. 制造业服务化对我国制造业产业升级的影响研究 ［D］. 北京: 对外经济贸易大学, 2018.

【132】王思语, 林桂军. 供给侧改革背景下的我国服务业发展思考 ［J］. 国际贸易, 2017 （3）: 15 – 21.

【133】王思语, 张开翼. RCEP 与 CPTPP 协定下中国服务业开放路径研究 ［J］. 亚太经济, 2021 （6）: 108 – 118.

【134】王思语, 郑乐凯. 全球价值链嵌入特征对出口技术复杂度差异化的

影响［J］. 数量经济技术经济研究，2019，36（5）：65－82.

【135】王思语，郑乐凯. 制造业出口服务化与价值链提升：基于出口复杂
度的视角［J］. 国际贸易问题，2018（5）：92－102.

【136】王思语，郑乐凯. 制造业服务化是否促进了出口产品升级：基于出
口产品质量和出口技术复杂度双重视角［J］. 国际贸易问题，2019
（11）：45－60.

【137】王小波，李婧雯. 中国制造业服务化水平及影响因素分析［J］. 湘
潭大学学报（哲学社会科学版），2016，40（5）：53－60.

【138】王永进，盛丹，施炳展，等. 基础设施如何提升了出口技术复杂
度？［J］. 经济研究，2010，45（7）：103－115.

【139】王永龙，余娜，姚鸟儿. 数字经济赋能制造业质量变革机理与效
应：基于二元边际的理论与实证［J］. 中国流通经济，2020，34
（12）：60－71.

【140】王紫薇，杨颖红. 制造业服务化影响因素及实现路径研究［J］. 合
作经济与科技，2022（3）：54－55.

【141】魏浩，王超男. 外国知识产权保护、产品组合调整与中国出口高质
量发展［J］. 中国工业经济，2023（6）：81－98.

【142】魏如青，苏慧，王思语，等. 全球价值链分工对全球失衡的影响研
究：基于全球生产分解模型下 GVC 参与方式的视角［J］. 国际金
融研究，2020（4）：3－12.

【143】温珺，阎志军，程愚. 数字经济与区域创新能力的提升［J］. 经济
问题探索，2019（11）：112－124.

【144】温忠麟，叶宝娟. 中介效应分析：方法和模型发展［J］. 心理科学
进展，2014，22（5）：731－745.

【145】文富德. 略论印度高科技人才培养战略［J］. 南亚研究季刊，2010
（2）：81－87.

【146】乌家培. 谈信息经济与知识经济 ［J］. 情报资料工作，1998（4）：3－7.

【147】吴为. 工业 4.0 与中国制造 2025：从入门到精通 ［M］. 北京：清华大学出版社，2015.

【148】武力超，张馨月，童欢欢. 金融服务部门开放对制造业企业技术创新的影响 ［J］. 财贸经济，2019，40（4）：116－129.

【149】夏杰长，倪红福. 服务贸易作用的重新评估：全球价值链视角 ［J］. 财贸经济，2017，38（11）：115－130.

【150】肖挺，聂群华，刘华. 制造业服务化对企业绩效的影响研究：基于我国制造企业的经验证据 ［J］. 科学学与科学技术管理，2014，35（4）：154－162.

【151】肖旭，戚聿东. 产业数字化转型的价值维度与理论逻辑 ［J］. 改革，2019（8）：61－70.

【152】谢旭升，严思屏. 劳动力成本抑制还是促进了服务业企业数字化转型?：兼论"鲍莫尔成本病"的克服 ［J］. 当代经济管理，2023（12）：32－45.

【153】徐广林，林贡钦. 工业 4.0 背景下传统制造业转型升级的新思维研究 ［J］. 上海经济研究，2015（10）：107－113.

【154】许冬兰，张新阔. 中国制造业服务化的绿色福利效应研究：基于污染改善与环境 TFP 双重视角 ［J］. 中国地质大学学报（社会科学版），2021，21（4）：56－72.

【155】许和连，成丽红，孙天阳. 制造业投入服务化对企业出口国内增加值的提升效应：基于中国制造业微观企业的经验研究 ［J］. 中国工业经济，2017（10）：62－80.

【156】许恒，张一林，曹雨佳. 数字经济、技术溢出与动态竞合政策 ［J］. 管理世界，2020（11）：63－79.

【157】许家云，毛其淋，胡鞍钢．中间品进口与企业出口产品质量升级：基于中国证据的研究［J］．世界经济，2017，40（3）：52 - 75．

【158】许家云，佟家栋，毛其淋．人民币汇率、产品质量与企业出口行为：中国制造业企业层面的实证研究［J］．金融研究，2015（3）：1 - 17．

【159】杨红丽，陈钊．外商直接投资水平溢出的间接机制：基于上游供应商的研究［J］．世界经济，2015，38（3）：123 - 144．

【160】杨慧梅，江璐．数字经济、空间效应与全要素生产率［J］．统计研究，2021，38（4）：3 - 15．

【161】杨汝岱．中国制造业企业全要素生产率研究［J］．经济研究，2015，50（2）：61 - 74．

【162】杨珍增，郭晓翔．合作研发类型与企业出口绩效：基于世界银行2012 年中国企业调查数据的倾向得分匹配分析［J］．国际商务（对外经济贸易大学学报），2021（1）：18 - 31．

【163】杨志波，董雅松，杨兰桥．制造企业数字化、服务化与企业绩效：基于调节中介模型的研究［J］．企业经济，2021，40（2）：35 - 43．

【164】姚洋，章林峰．中国本土企业出口竞争优势和技术变迁分析［J］．世界经济，2008（3）：3 - 11．

【165】姚洋，张晔．中国出口品国内技术含量升级的动态研究：来自全国及江苏省、广东省的证据［J］．中国社会科学，2008（2）：67 - 82 + 205 - 206．

【166】余典范，干春晖，郑若谷．中国产业结构的关联特征分析：基于投入产出结构分解技术的实证研究［J］．中国工业经济，2011（11）：5 - 15．

【167】余东华，胡亚男，吕逸楠．新工业革命背景下"中国制造2025"的技术创新路径和产业选择研究［J］．天津社会科学，2015（4）：

98 – 107.

【168】余丽丽，彭水军．新发展格局下产业升级、国内贸易与绿色增长 [J]．系统工程理论与实践，2023（12）：1 – 28.

【169】余淼杰．中国的贸易自由化与制造业企业生产率 [J]．经济研究，2010（12）：97 – 110.

【170】余淼杰，张睿．中国制造业出口质量的准确衡量：挑战与解决方法 [J]．经济学（季刊），2017，16（2）：463 – 484.

【171】袁征宇，王思语，郑乐凯．制造业投入服务化与中国企业出口产品质量 [J]．国际贸易问题，2020（10）：82 – 96.

【172】岳云嵩，李兵．电子商务平台应用与中国制造业企业出口绩效：基于"阿里巴巴"大数据的经验研究 [J]．中国工业经济，2018（8）：97 – 115.

【173】张皞，蒋琳宏．双边服务贸易成本测度及服务贸易增长分解：来自中国与 21 个 OECD 国家的面板数据分析 [J]．国际商务研究，2019，40（4）：14 – 25.

【174】张杰．金融抑制、融资约束与出口产品质量 [J]．金融研究，2015（6）：64 – 79.

【175】张琳，冯开文．英国敞田制的衰亡及其对中国城镇化的启示 [J]．农业考古，2016（6）：201 – 210.

【176】张萌．服务业 OFDI 对中国服务贸易竞争力的影响研究：基于行业视角 [D]．长春：东北师范大学，2021.

【177】张铭心，汪亚楠，郑乐凯，等．数字金融的发展对企业出口产品质量的影响研究 [J]．财贸研究，2021，32（6）：12 – 27.

【178】张晴，于津平．投入数字化与全球价值链高端攀升：来自中国制造业企业的微观证据 [J]．经济评论，2020（6）：72 – 89.

【179】张雪玲，焦月霞．中国数字经济发展指数及其应用初探 [J]．浙江

社会科学, 2017（4）: 32 - 40 + 157.

【180】张勋, 万广华, 张佳佳, 等. 数字经济、普惠金融与包容性增长 [J]. 经济研究, 2019, 54（8）: 71 - 86.

【181】张艳, 唐宜红, 周默涵. 服务贸易自由化是否提高了制造业企业生产效率 [J]. 世界经济, 2013, 36（11）: 51 - 71.

【182】张艳萍, 凌丹, 刘慧岭. 数字经济是否促进中国制造业全球价值链升级? [J]. 科学学研究, 2022, 40（1）: 57 - 68.

【183】张雨, 戴翔. 什么影响了服务出口复杂度: 基于全球 112 个经济体的实证研究 [J]. 国际贸易问题, 2015（7）: 87 - 96.

【184】张振刚, 陈志明, 胡琪玲. 生产性服务业对制造业效率提升的影响研究 [J]. 科研管理, 2014, 35（1）: 131 - 138.

【185】赵宸宇, 王文春, 李雪松. 数字化转型如何影响企业全要素生产率 [J]. 财贸经济, 2021, 42（7）: 114 - 129.

【186】赵若锦, 李俊, 聂平香. 美国服务贸易镜像数据非对称问题探讨 [J]. 国际贸易, 2023（1）: 66 - 73.

【187】赵涛. 数字化背景下税收征管国际发展趋势研究 [J]. 经济参考研究, 2020（12）: 112 - 120.

【188】赵文军, 于津平. 贸易开放、FDI 与中国工业经济增长方式: 基于 30 个工业行业数据的实证研究 [J]. 经济研究, 2012, 47（8）: 18 - 31.

【189】赵振. "互联网 +" 下制造企业服务化悖论的平台化解决思路 [J]. 科技进步与对策, 2016, 33（6）: 76 - 83.

【190】周婧. 金砖五国服务贸易国际竞争力研究 [D]. 西安: 西北大学, 2021.

【191】周念利, 包雅楠. 数字服务市场开放对制造业服务化水平的影响研究 [J]. 当代财经, 2022（7）: 112 - 122.

【192】 周霄雪．服务业外资自由化与中国制造业企业出口绩效：基于上下游投入产出关系的分析［J］．产业经济研究，2017（6）：52－64．

【193】 朱晓萌．中国服务贸易竞争力及影响因素研究［D］．上海：上海外国语大学，2021．

【194】 诸竹君，黄先海，王毅．外资进入与中国式创新双低困境破解［J］．经济研究，2020，55（5）：99－115．

【195】 祝树金，陈艳，谢锐．"龙象之争"与"龙象共舞"：基于出口技术结构的中印贸易关系分析［J］．统计研究，2009，26（4）：25－32．

【196】 祝树金，戢璇，傅晓岚．出口品技术水平的决定性因素：来自跨国面板数据的证据［J］．世界经济，2010，33（4）：28－46．

【197】 祝树金，罗彦，段文静．服务型制造、加成率分布与资源配置效率［J］．中国工业经济，2021（4）：62－80．

【198】 祝树金，张凤霖，王梓瑄．营商环境质量如何影响制造业服务化?：来自微观企业层面的证据［J］．宏观质量研究，2021，9（5）：37－51．

【199】 Abouzeedan A，Klofsten M，Hedner T．Internetization Management as a Facilitator for Managing Innovation in High－Technology Smaller Firms［J］．Global Business Review，2013，14（1）：121－136．

【200】 Abukhader S M．Eco－efficiency in the Era of Electronic commerce－should 'Eco－Effectiveness' approach be adopted?［J］．Journal of Cleaner Production，2008，16（7）：801－808．

【201】 Acemoglu D，Azar P D．Endogenous Production Networks［J］．Econometrica，2020，88（1）：33－82．

【202】 Ackerberg D，Caves K，Frazer G．Structural Identification of Production Functions［J］．MPRA paper No.38349，2006．

【203】 Akerlof G．The Market for "Lemons"：Quality Uncertainty and the Market Mechanism［J］．The Quarterly Journal of Economics，1970，84

（3）：488 – 500.

【204】 Alexander A, Parry G. The Impact of Servitization and Digitization on Productivity and Profitability of the Firm：A Systematic Approach [J]. Production Planning&Control, 2021（4）：1 – 13.

【205】 Amiti M, Wei S J. Service Offshoring and Productivity：Evidence from the US [J]. World Economy, 2009, 32（2）：203 – 220.

【206】 Arnold J M, Javorcik B, Lipscomb M, et al. Services Reform and Manufacturing Performance：Evidence from India [J]. The Economic Journal, 2016, 126（590）：1 – 39.

【207】 Arnold J M, Mattoo A, Narciso G. Services Inputs and Firm Productivity in Sub – Saharan Africa：Evidence from Firm – Level Data [J]. Journal of African Economies, 2008, 17（4）：578 – 599.

【208】 Arrow K J. The Economics of Information [M]. Boston：Harvard University Press, 1984 .

【209】 Autor D H, Dorn D. The Growth of Low – Skill Service Jobs and the Polarization of the US Labor Market [J]. American Economic Review, 2013, 103（5）：1553 – 1597.

【210】 Balassa B. Tariff protection in industrial countries：an evaluation [J]. Journal of Political Economy, 1965, 73（6）：573 – 594.

【211】 Balassa B. 'Revealed' comparative advantage revisited：An analysis of relative export shares of the industrial countries, 1953 – 1971 [J]. The Manchester School, 1977, 45（4）：327 – 344.

【212】 Banalieva E R, Dhanaraj C. Internalization Theory for the Digital Economy [J]. Journal of International Business Studies, 2019, 50（8）：1372 – 1387.

【213】 Bas M. Does Services Liberalization Affect Manufacturing Firms' Export

Performance? Evidence from India [J]. Journal of Comparative Economics. 2014. 42 (3). 569 – 589.

【214】 Bas M, Strauss – Kahn V. Input – Trade Liberalization, Export Prices and Quality Upgrading [J]. Journal of International Economics, 2015, 95 (2): 250 – 262.

【215】 Bastos P, Silva J. The Quality of a Firm's Exports: Where You Export to Matters [J]. Journal of International Economics, 2010, 82 (2): 99 – 111.

【216】 Berkowitz D, Moenius J, Pistor K. Trade, Law, and Product Complexity [J]. The Review of Economics and Statistics, 2006, 88 (2): 363 – 373.

【217】 Bernard A B, Eaton J, Jensen J B, et al. Plants and Productivity in International Trade [J]. The American Economic Review, 2003, 93 (4): 1268 – 1290.

【218】 Bernard A B, Jensen J B, Schott P K. Trade costs, firms and productivity [J]. Journal of monetary Economics, 2006, 53 (5): 917 – 937.

【219】 Brandt L, Van Biesebroeck J, Zhang Y. Creative Accounting or Creative Destruction? Firm – Level Productivity Growth in Chinese Manufacturing [J]. Journal of Development Economics, 2012, 97 (2): 339 – 351.

【220】 Branstetter L G, Lardy N R. China's embrace of globalization [J]. NBER Working Paper No. 12373, 2006.

【221】 Brax S. A Manufacturer Becoming Service Provider – challenges and a Paradox [J]. Managing Service Quality, 2005, 15 (2): 142 – 155.

【222】 Breinlich H, Criscuolo C. International Trade in Services: A Portrait of Importers and Exporters [J]. Journal of International Economics. 2011 (84): 188 – 206.

【223】 Broda C, Weinstein D E. Globalization and the Gains from Variety [J].

The Quarterly Journal of Economics, 2006, 121 (2): 541 – 585.

【224】 Browning H, Singelman J. The Emergence of a Service Society: Demographic and Sociological Aspects of the Sectoral Transformation of the Labor Force in the USA [M]. Springfield: National Technical Information Service, 1975.

【225】 Brynjolfsson E, Hitt L. Paradox Lost? Firm – Level Evidence on the Returns to Information Systems Spending [J]. Management Science, 1996, 42 (4): 541 – 558.

【226】 Cenamor J, Sjodin D R, Parida V. Adopting a Platform Approach in Servitization: Leveraging the Value of Digitalization [J]. International Journal of Production Economics, 2017, 192 (6): 54 – 65.

【227】 Cingano F, Schivardi F. Identifying the Sources of Local Productivity Growth [J]. Journal of the European Economic Association, 2004, 2 (4): 720 – 742.

【228】 Cooper R G, Kleinschmidt E J. The impact of export strategy on export sales performance [J]. Journal of international business studies, 1985, 16 (1): 37 – 55.

【229】 Crozet M, Milet E. Should Everybody be in Services? The Effect of Servitization on Manufacturing Firm Performance [J]. Journal of Economics & Management Strategy, 2017, 26 (4): 820 – 841.

【230】 Cui W, Kim S, Li T G. International Competitiveness of Service Trade of Korea and China, and Policy Implications for Korea – China FTA [J]. Journal of Korea Regional Economics Research, 2011, 19 (1): 215 – 234.

【231】 David H, Dorn D. The Growth of Low – Skill Service Jobs and the Polarization of the US labor Market [J]. American Economic Review,

2013, 103 (5): 1553 - 97.

【232】 Diaz - Mora C, Gandoy R, Gonzalez - Diaz B. Looking into Global Value Chains: Influence of Foreign Services on Export Performance [J]. Review of World Economics. 2018, 154 (4): 785 - 814.

【233】 Fan H, Li Y A, Yeaple S R. Trade Liberalization, Quality, and Export Prices [J]. Review of Economics and Statistics, 2015, 97 (5): 1033 - 1051.

【234】 Fang V W, Noe T H, Tice S. Stock Market Liquidity and Firm Value [J]. Journal of Financial Economics, 2009, 94 (1): 150 - 169.

【235】 Feenstra R C, Romalis J. International Prices and Endogenous Quality [J]. The Quarterly Journal of Economics, 2014, 129 (2): 477 - 527.

【236】 Ferreira J J M, Fernandes C I, Ferreira F A F. To be or not to be Digital, that is the Question: Firm Innovation and Performance [J]. Journal of Business Research, 2019, 101 (1): 583 - 590.

【237】 Finger J M, Kreinin M E. A Measure of Export Similarity and its Possible Uses [J]. The Economic Journal, 1979, 89 (356): 905 - 912.

【238】 Francois J F. Trade in Producer Services and Returns Due to Specialization Under Monopolistic Competition [J]. Canadian Journal of Economics, 1990, 23 (1): 109 - 124.

【239】 Francois J, Hoekman B. Services Trade and Policy [J]. Journal of Economic Literature, 2010, 48 (3): 642 - 692.

【240】 Gangnes B, Ma A C, Van Assche A. Global Value Chains and the Transmission of Business Cycle Shocks [J]. Asian Development Bank Economics Working Paper Series No. 329, 2012.

【241】 Gebauer H, Paiola M, Saccani N, et al. Digital Servitization: Crossing the Perspectives of Digitization and Servitization [J]. Industrial

Marketing Management, 2021, 93: 382 – 388.

【242】 Gereffi G. Global Change, Regional Response: The New International Context of Development [M]. cambridge: Cambridge University Press, 1995.

【243】 Goldfarb A T. Digital Economics [J]. Journal of Economics Literature, 2019 (1): 3 – 43.

【244】 Gordon J. Is U. S. Economic Growth Over? Faltering Innovation Confronts the Six Headwinds [J]. Voprosy Ekonomiki, 2013 (4): 49 – 67.

【245】 Greenfield P M, Bruner J S. Culture and cognitive growth [J]. International Journal of Psychology, 1966, 1 (2): 89 – 107.

【246】 Grossman G M, Helpman E. Integration Versus Outsourcing in Industry Equilibrium [J]. The Quarterly Journal of Economics, 2002, 117 (1): 85 – 120.

【247】 Grossman M G, Esteban R. Trading Tasks: A Simple Theory of Offshoring [J]. American Economics Review, 2008, 98 (5): 1978 – 1997.

【248】 Guellec D, Paunov C. Digital Innovation and the Distribution of Income [R]. National Bureau of Economic Research, 2017.

【249】 Hale G, Long C. What Determines Technological Spillovers of Foreign Direct Investment: Evidence from China [J]. Yale University Economic Growth Center Discussion Paper No. 934, 2006.

【250】 Hallak J C. Product Quality and the Direction of Trade [J]. Journal of international Economics, 2006, 68 (1): 238 – 265.

【251】 Hallak J C, Schott P K. Estimating Cross – Country Differences in Product Quality [J]. The Quarterly Journal of Economics, 2011, 126 (1): 417 – 474.

【252】 Hao Zirong, Liu Chenguang, Goh M. Determining the Effects of Lean

Production and Servitization of Manufacturing on Sustainable Performance [J]. Sustainable Production and Consumption, 2021 (25): 374 – 389.

【253】 Hausmann R, Klinger B. Structural Transformation and Patterns of Comparative Advantage in the Product Space [J]. CID Working Paper NO. 128, 2006.

【254】 Hausmann R, Hwang J, Rodrik D. What You Export Matters [J]. Journal of Economic Growth, 2007 (12): 1 – 25.

【255】 Hausmann R, Rigobon R. An Alternative Interpretation of the 'Resource Curse': Theory and policy Implications [J]. NBER Working Papers No. 9424, 2003.

【256】 Hausmann R, Rodrik D. Economic Development as Self – discovery [J]. Journal of Development Economics, 2003, 72 (2): 603 – 633.

【257】 Henn C, Papageorgiou C, Romero J M, et al. Export Quality in Advanced and Developing Economies: Evidence from a New Data Set [M]. The World Bank, 2017.

【258】 Hoekman B, Karsenty G. Economic Development and International Transaction in Services [J]. Development Policy Review, 1992 (10): 211 – 236.

【259】 Hoekman B, Shepherd B. Services Productivity, Trade Policy and Manufacturing Exports [J]. The World Economy, 2015 (9): 499 – 561.

【260】 Howenstine N G, Zeile W J. Characteristics of Foreign – owned US Manufacturing Establishments [J]. Survey of Current Business, 1994, 74 (1): 34 – 59.

【261】 Hufbauer G, Stephenson S. Services Trade: Past Liberalization and Future Challenges [J]. Journal of International Economic Law, 2008 (3): 605 – 630.

【262】 Kamble S S, Gunasekaran A, Ghadge A, et al. A Performance Measurement System for Industry 4.0 Enabled Smart Manufacturing System in SMMEs – A Review and Empirical Investigation [J]. International journal of production economics, 2020 (11): 1 – 15.

【263】 Kamal M, Sivarajah U, Bigdeli A Z, et al. Servitization Implementation in the Manufacturing Organisations: Classification of Strategies, Definitions, Benefits and Challenges [J]. International Journal of Information Management, 2020, 55, Article 102206.

【264】 Kaplinsky R, Morris M, Jeff Readman. The Globalization of Product Markets and Immiserizing Growth: Lessons from the South African Furniture Industry [J]. World Development, 2002, 30 (7): 1159 – 1177.

【265】 Kastalli I V, Van Looy. Servitization: Disentangling the Impact of Service Business Model Innovation on Manufacturing Firm Performance [J]. Journal of Operations Management. 2013, 31 (4): 169 – 180.

【266】 Khandelwal A K, Schott P K, Wei S J. Trade Liberalization and Embe – dded Institutional Reform: Evidence from Chinese Exporters [J]. American Economic Review, 2013, 103 (6): 2169 – 95.

【267】 Khandelwal A. The Long and Short (of) Quality Ladders [J]. The Review of Economic Studies, 2010, 77 (4): 1450 – 1476.

【268】 Kim Y, Yoon S, Lee K S. International Competitiveness of Korea Service Industry [J]. American Journal of Applied Sciences, 2012 (9): 343 – 349.

【269】 Kling R, Lamb R. IT and Organizational Change in Digital Economies: A Social – technical approach [J]. ACM SIGCAS Computers and Society, 1999, 29 (3): 17 – 25.

【270】 Kogut B. Designing Global Strategies: Comparative and Competitive

Value – Added Chains ［J］. Sloan Management Review, 1985（4）: 15 – 30.

【271】 Koopman R, Wang Z, Wei S J. Tracing Value – Added and Double Counting in Gross Exports ［J］. American Economic Review, 2014, 104（2）: 459 – 494.

【272】 Krugman A P, Venables A J. Globalization and the Inequality of Nations Get access ［J］. The Quarterly Journal of Economics, 1995（4）: 857 – 880.

【273】 Kugler M, Verhoogen E. Prices, Plant Size, and Product Quality ［J］. The Review of Economic Studies, 2012, 79（1）: 307 – 339.

【274】 Landefeld J S, Fraumeni B M. Measuring the new economy ［J］. Survey of current business, 2001, 81（3）: 23 – 40.

【275】 Lau L J, Chen X, Cheng L K, et al. Non – Competitive Input – Output Model and Its Application: An Examination of the China – U. S. Trade Surplus ［J］. Social Sciences in China, 2007, 5（5）: 91 – 103.

【276】 Lodefalk M. The Role of Services for Manufacturing Firm Exports ［J］. Review of World Economics. 2014（1）: 59 – 82.

【277】 Machlup F. The supply of inventors and inventions ［M］// National Bureau of Economic Research. The Rate and Direction of Inventive Activity: Economic and Social Factors. Princeton : Princeton University Press, 1962: 143 – 170.

【278】 Macpherson A. Producer Service Linkages and Industrial Innovation: Results of a Twelve – Year Tracking Study of New York State Manufacturers ［J］. Growth and Change, 2008, 39（1）: 1 – 23.

【279】 MacPherson A. The Role of Producer Service Outsourcing in the Innovation Performance of New York State Manufacturing Firms ［J］. Annals of the

Association of American Geographers, 1997, 87 (1): 52 – 71.

【280】 Markusen J R, Venables A J. Foreign Direct Investment as a Catalyst for Industrial Development [J]. European Economic Review, 1999, 43 (2): 335 – 356.

【281】 Mastrogiacomo L, Barravecchia F, Franceschini F. Enabling Factors of Manufacturing Servitization: Empirical Analysis and Implications for Strategic Positioning [J]. Proceedings of the Institution of Mechanical Engineers, Part B: Journal of Engineering Manufacture, 2020, 234 (9): 1258 – 1270.

【282】 Mikalef P, Pateli A. Information Technology – Enabled Dynamic Capabilities and Their Indirect Effect on Competitive Performance: Findings from PLS – SEM and fsQCA [J]. Journal of Business Research, 2017, 70 (1): 1 – 16.

【283】 Miller P, Wilsdon J. Digital Futures — An Agenda for a Sustainable Digital Economy [J]. Corporate Environmental Strategy, 2001, 8 (3): 275 – 280.

【284】 Nath H K, Liu L R. Information and Communications Technology (ICT) and Services Trade [J]. Information Economics and Policy, 2017, 41 (12): 81 – 87.

【285】 Neely A. Exploring the Financial Consequences of the Servitization of Manufacturing [J]. Operations Management Research, 2008, 1 (2): 103 – 118.

【286】 Novy D. Gravity redux: Measuring International Trade Costs with Panel Data [J]. Economic Inquiry. 2013, 51 (1): 101 – 121.

【287】 OECD. The Digital Economy [EB/OL]. DAF/COMP, 2022 (22).

【288】 Oliva R, Kallenberg R. Managing the Transition from Products to Services

[J]. International Journal of Service Industry Management, 2003, 14 (2): 160 – 172.

[289] Park S H. Intersectoral Relationships between Manufacturing and Services: New Evidence from Selected Pacific Basin Countries [J]. Asean Economic Bulletin, 1994, 10 (1): 245 – 263.

[290] Peillon S, Dubruc N. Barriers to Digital Servitization in French Manufacturing SMEs [J]. Procedia CIRP, 2019 (5): 146 – 150.

[291] Pirola F, Boucher X, Wiesner S, et al. Digital Technologies in Product – Service Systems: A Literature Review and a Research Agenda [J]. Computers in Industry, 2020, 123, Article 103301.

[292] Porter M E. Technology and Competitive Advantage, Journal of Business Strategy [J], 1985 (3): 60 – 78.

[293] Rauch J E, Trindade V. Information, Informational Substituability, and Globalization [J]. Americcan Economic Review, 2003, 93 (3): 775 – 791.

[294] Reinartz W, Ulaga W. How to Sell Services more Profitably [J]. Harvard Business Review, 2008, 86 (5): 90 – 96.

[295] Richard P J, Devinney T M, Yip G S, et al. Measuring Organizational Performance: Towards Methodological Best Practice [J]. Journal of Management, 2009, 35 (3): 718 – 804.

[296] Rodrik D. The Future of Economic Convergence [R]. National Bureau of Economic Research, 2011.

[297] Romer. Endogenous Technological Change [J]. Joumal of Political Economy, 1990, 98 (5): 71 – 102.

[298] Roos G. Servitization as Innovation in Manufacturing—A Review of the Literature [M] //Agarwal R, Selen W, Roos G, et al. The Handbook

of Service Innovation. London: Springer, 2015: 403 – 435.

【299】 Rymaszewska A, Helo P, Gunasekaran A. IoT Powered Servitization of Manufacturing – An Exploratory Case Study [J]. International Journal of Production Economics, 2017, 192 (10): 92 – 105.

【300】 Saunders A, Brynjolfsson E. Valuing Information Technology Related Intangible Assets [J]. Mis Quarterly, 2016, 40 (1): 83 – 110.

【301】 Schott P K. Across – Product Versus Within – Product Specialization in International Trade [J]. The Quarterly Journal of Economics, 2004, 119 (2): 647 – 678.

【302】 Seyoum B. Revealed Comparative Advantage and Competitiveness in Services: A Study with Special Emphasis on Developing Countries [J]. Journal of Economic Studies, 2007, 34 (5): 376 – 388.

【303】 Shannon C E. A Mathematical Theory of Communication [J]. Bell System Technical Journal, 1948, 27 (3): 379 – 423.

【304】 Singelmann J, Browning H L. The Transformation of the U. S. Labor Force: The Interaction of Industry and Occupation [J]. Politics and Society, 1978, 8 (3 – 4): 481 – 509.

【305】 Szalavetz A. Industry 4. 0 and Capability Development in Manufacturing Subsidiaries [J]. Technological Forecasting and Social Change. 2019 (8): 384 – 395.

【306】 Szalavetz A. "Tertiarization" of Manufacturing Industry in the New Economy [R]. Budapest: Hungarian Academy of Sciences Working Paper, 2003.

【307】 Timmer M P, Erumban A A, Los B, et al. Slicing Up Global Value Chains [J]. The Journal of Economic Perspectives, 2014, 28 (2), 99 – 118.

【308】Vandermerwe S, Rada J. Servitization of Business: Adding Value by Adding Services [J]. European Management Journal, 1988, 6 (4): 314 – 324.

【309】Vargosl, Lusch R F. From Goods to Service (s): Divergences and Convergences of Logics [J]. Industrial Marketing Management, 2008, 37 (3): 254 – 259.

【310】Wang Z, Wei S J. The Rising Sophistication of China's Exports: Assessing the Roles of Processing Trade, Foreign Invested Firms, Human Capital, and Government Policies [R]. Working paper for the NBER Conference on the Evolving Role of China in the World Trade. 2007.

【311】Wang Z, Wei S J. What Accounts for the Rising Sophistication of China's Exports? [JR] NBER Working Paper No. 13771, 2008.

【312】White A L, Stoughton M, Feng L. Servicizing: The Quiet Transition to Extended Product Responsibility [R]. Boston: Tellus Institute, 1999.

【313】Wolfmayr Y. Producer Services and Competitiveness of Manufacturing Exports [R]. FIW Research Reports No. 009, 2008.

【314】Wu L F, Sun L W, Qi P X, et al. Energy Endowment, Industrial Structure Upgrading, and CO2 Emissions in China: Revisiting Resource Curse in the Context of Carbon Emissions [J]. Resources Policy, 2021, 74 (12): 1 – 14.

【315】Xu B. The Sophistication of Exports: Is China Special? [J]. China Economic Review, 2010, 21 (3): 482 – 493.

【316】Zou S, Stan S. The Determinants of Export Performance: a Review of the Empirical Literature Between 1987 and 1997 [J]. International Marketing Review, 1998, 15 (5): 333 – 356.

附　录

数字经济强度指标体系权重

一级指标		二级指标	属性	数据来源	权重
数字经济基础设施	1	固定宽带普及率	正向	WDI	0.052912
	2	安全网络覆盖率	正向	WDI	0.042593
	3	移动网络覆盖率	正向	WDI	0.054819
	4	高等教育入学率	正向	WDI	0.053515
	5	互联网用户基数	正向	WEF	0.053735
数字技术创新环境	6	研发支出比例（占 GDP 比重）	正向	WDI	0.051512
	7	最新技术可用度	正向	WEF	0.054244
	8	知识产权保护力度	正向	WEF	0.053813
	9	ICT 相关法律完善度	正向	WEF	0.054254
	10	ICT 应用及政府效率	正向	WEF	0.05513
	11	高新科技产品的政府采购规模	正向	WEF	0.053878
	12	ICT 发展在政府远期规划中的重要程度	正向	WEF	0.053857
	13	风险资本可用度	正向	WEF	0.053362
国家数字竞争强度	14	高新科技出口占比（占制成品比例）	正向	WDI	0.052316
	15	ICT 产品出口（占产品出口总额的百分比）	正向	WDI	0.047249
	16	ICT 服务出口（占服务出口总额的百分比）	正向	WDI	0.049622
	17	ICT 领域 PCT 国际申请数量占 PCT 国际申请总量的比例	正向	WEF	0.055318
	18	信息通信服务出口	正向	WDI	0.05382
	19	政府在线服务指数	正向	WEF	0.054052